Margaret Fishback Powers

Spuren im Sand

Margaret Fishback Powers

Spuren im Sand

Ein Gedicht,
das Millionen bewegt,
und seine Geschichte

BRUNNEN
Verlag Giessen · Basel

Titel der kanadischen Originalausgabe:
Footprints: the story behind the poem that inspired millions

Erschienen 1993 bei HarperCollins Publishers, Toronto, Canada

Aus dem Amerikanischen von Lilli Schmidt
Lektorat: Brigitte Selchert

Deutsche Fassung des Gedichts „Spuren im Sand“:
Eva-Maria Busch

29. Auflage 2014
1. Sonderausgabe

Bibeltexte AT: Lutherübersetzung revidierter Text 1984,
Deutsche Bibelgesellschaft;
NT und Psalmen: „Hoffnung für alle“®,

Hrsg. vom Brunnen Verlag Basel
Umschlagfoto: Shutterstock
Umschlaggestaltung: Sabine Schweda
Druck und Bindung: CPI – Ebner & Spiegel, Ulm
ISBN 978-3-7655-0908-7

Spuren im Sand

Eines Nachts hatte ich einen Traum:
Ich ging am Meer entlang mit meinem Herrn.
Vor dem dunklen Nachthimmel
erstrahlten, Streiflichtern gleich,
Bilder aus meinem Leben.
Und jedes Mal sah ich zwei Fußspuren im Sand,
meine eigene und die meines Herrn.

Als das letzte Bild an meinen Augen
vorübergezogen war, blickte ich zurück.
Ich erschrak, als ich entdeckte,
dass an vielen Stellen meines Lebensweges
nur eine Spur zu sehen war.
Und das waren gerade die schwersten
Zeiten meines Lebens.

Besorgt fragte ich den Herrn:
„Herr, als ich anfing, dir nachzufolgen,
da hast du mir versprochen,
auf allen Wegen bei mir zu sein.
Aber jetzt entdecke ich,
dass in den schwersten Zeiten meines Lebens

nur eine Spur im Sand zu sehen ist.
Warum hast du mich alleingelassen,
als ich dich am meisten brauchte?"

Da antwortete er: „Mein liebes Kind,
ich liebe dich und werde dich nie alleinlassen,
erst recht nicht in Nöten und Schwierigkeiten.
Dort, wo du nur eine Spur gesehen hast,
da habe ich dich getragen."

Margaret Fishback Powers

Ein Unglück kommt selten allein …

„Aber die auf den Herrn harren,
kriegen neue Kraft,
dass sie auffahren mit Flügeln wie Adler,
dass sie laufen und nicht matt werden,
dass sie wandeln und nicht müde werden.“
JESAJA 40,31

„Tut das gut, wieder zu Hause zu sein“, seufzte ich erleichtert und sah zu Paul hinüber, meinem Mann, der sich entspannt auf dem Bett ausstreckte. Fröhliches Vogelgezwitscher vor unserem Fenster hatte uns schon früh geweckt.

„Dann lass uns das Beste daraus machen“, entgegnete mein Mann. „Morgen gehts ja schon wieder weiter.“

„Wohin denn nun wieder?“, fragte ich mit nicht gerade übermäßiger Begeisterung.

„Nach Vancouver …“

Wir waren gerade von einer zweimonatigen Rundreise durch den Staat Washington zurückgekehrt, wo wir in allen möglichen Kirchengemeinden Kinderwochen gehalten hatten. Im Sommer waren wir fast immer unterwegs. Als begeisterte Mitarbeiter einer kirchlichen Kinderarbeit wollten wir möglichst vielen Kindern das Evangelium weitersagen, sie anleiten und ermutigen, in ihrem Glauben fester zu werden.

Unsere Arbeit brachte es mit sich, dass wir pausenlos von einem Kinderlager, einer Kinderfreizeit, einer Gemeinde zur anderen unterwegs waren. Nicht dass es keine zufriedenstellende, ja irgendwie herausfordernde Aufgabe gewesen wäre – sie bedeutete für uns sogar so etwas wie die Erfüllung eines Lebenstraumes –, aber gegen Mitte des Sommers hätten wir – müde, wie wir waren – am liebsten alles stehen und liegen gelassen und wären in unser Haus nach British Columbia zurückgekehrt.

Wie herrlich war es, jetzt dort zu faulenzen! Ich kramte unseren Veranstaltungskalender hervor. Heute war Montag, der 7. August 1989 – ein Feiertag in Kanada. Also würden wir einmal richtig ausschlafen. Damals ahnte ich nicht, dass sich dieses Datum unauslöschlich in unsere Erinnerung eingraben sollte, dass es ein Tag würde, an dem Dinge geschahen, die uns zutiefst treffen würden.

An diesem Montagmorgen klingelte schon sehr früh das Telefon.

„Ich nehme ab, bleib nur liegen!", rief ich meinem Mann zu.

„Hallo Mama, wie gehts euch?"

„Das ist Paula", gab ich meinem Mann leise zu verstehen.

„Uns gehts prima", versicherte ich unserer Tochter. „Wir haben gerade festgestellt, wie gut es tut, zu Hause zu sein."

„Oh ... hm ... ja ... also dann werde ich lieber nicht fragen ...", zögerte Paula. Aber sie kannte ihre Eltern und so meinte sie dann doch nach kurzer Pause entschlossen: „Könnt ihr mit ein paar Kindern zum Freizeitpark ‚Golden Ears' fahren? Wir wollen dort ein Picknick mit ihnen machen. (Der Park lag ungefähr 15 Kilometer entfernt.) Ich könnte nämlich noch ein Auto gebrauchen. Ein Helfer ist ausgefallen."

Abermals eine kurze Pause. „Also, wenn ihr

mitkommen wollt ... je eher ihr hier sein könnt, desto besser. Wir treffen uns an der Kirche. Die anderen warten schon alle. Sie können kaum abwarten, bis es endlich losgeht!"

Leicht verzweifelt sah ich zu Paul hinüber. „Okay, wir kommen", versprach ich dann, wusste ich doch nur zu gut, was mein Mann sagen würde. Es gab kaum etwas, was er für Kinder nicht tun würde; war doch seine eigene Kindheit furchtbar gewesen.

„Kommt einfach her, so wie ihr seid", hörte ich unsere Tochter sagen – mit unüberhörbarer Erleichterung in ihrer Stimme. „Danke, Mama! Ich wusste ja, dass ich mich auf euch verlassen kann. Vergesst das Schwimmzeug nicht!"

Ich zog rasch einen Badeanzug an, schlüpfte in meine Shorts und das T-Shirt, das ich schon gestern angehabt hatte.

„Den ganzen Kram hier lasse ich einfach stehen", sagte ich mit einem Blick auf die unausgepackten Reisetaschen.

„Halte dich bloß nicht mit dem Gepäck auf", mahnte Paul.

Nur ein paar Minuten später verließen wir

das Haus. Während der Fahrt tastete ich in der Jackentasche nach der Schachtel mit Pauls Herztabletten. Und noch eine andere Arznei hatte ich dabei. Warum nur schleppte ich ständig diese Medikamente mit mir herum?

Als wir dann aus der Stadt herausfuhren, hatten wir den Wagen voller Kinder. „Wir fahren zum Golden-Ears-Park! Wir fahren zum Golden-Ears-Park!“, jubelte ein Kind übermütig und alle lachten. Wir würden bestimmt viel Spaß miteinander haben. Es war so schön, mit unserer Tochter unterwegs zu sein und mit den Kindern, die sie betreute. Wie oft schon hatten wir unseren Freunden lachend berichtet, wie sehr unsere beiden Töchter Tina und Paula und ihre kleinen Freunde uns auf Trab hielten. Wir hatten gar keine Zeit, an das Alter zu denken.

„Was für ein wundervoller Tag“, freute ich mich. Alle waren felsenfest davon überzeugt, den absolut schönsten Tag für einen solchen Ausflug erwischt zu haben, nachdem das Unternehmen schon zweimal wegen schlechten Wetters hatte verschoben werden müssen.

Am Park trafen wir auch die Kinder, die in anderen Autos mitgefahren waren. Paula gab noch ein paar Anweisungen und schärfte den Kindern ein, besonders auf den schlüpfrigen Felsen vorsichtig zu sein. Wir würden den Wasserfall auf einem Felsgrat überqueren. „Passt gut auf, Kinder! Auf der anderen Seite des Wasserfalls geht es zwanzig Meter steil in einen Gletschersee hinunter. Also keinen Unsinn! Verstanden?“, erklärte Paula laut und vernehmlich.

Wir waren richtig stolz auf unsere Tochter. Paula hatte ein Herz für Kinder. Sie und auch ihre Schwester hatten uns immer bei unserer Arbeit mit Jugendlichen und Kindern unterstützt – nicht zuletzt mit ihrem erstaunlichen Talent als Bauchrednerin. Paulas rotblondes Haar flatterte im Wind, als wir uns zu dem Fußweg auf dem Felsgrat aufmachten.

Vorsichtig turnten wir über die glatten feuchten Steine. Hin und wieder machten wir Rast, um den atemberaubenden Ausblick zu genießen, der sich unseren Augen bot. Ein wenig besorgt beobachteten wir, wie zwei ältere Leute von einem Felsen ziemlich weit oben in den Gletschersee hinuntersprangen.

„Das Wasser ist doch eiskalt!“, rief ich meiner Tochter zu. „Wie halten die das nur aus?!“

„Keine Ahnung!“, rief sie zurück und schüttelte lachend den Kopf. „Hauptsache, *ich* brauche es nicht zu machen!“

Mein Mann hatte es vorgezogen, sich auf der anderen Seite des Gletschersees niederzulassen, wo ein paar kleinere Seen lagen, die – wie er fand – ein wenig einladender aussahen.

„Ich werde noch ein bisschen lesen“, rief er mir zu.

Außer uns hatten sich noch viele Schwimmer und Sonnenanbeter eingefunden. Einige tummelten sich am Fuß des Wasserfalls, andere im Fluss. „Eigentlich müsste es hier an manchen Stellen Absperrungen geben oder wenigstens Warntafeln“, dachte ich.

„Ist das schön hier oben!“, rief eines der Mädchen.

„Einfach himmlisch!“, stimmte ich zu. Mir kam es tatsächlich vor, als wären wir dem Himmel ganz nahe gerückt, als bräuchte ich nur die Hand auszustrecken und könnte Gott berühren. Über uns ragten Fichten und Kiefern in den Himmel. Durch ihre Zweige flimmerte das Sonnenlicht, und wenn man nach unten sah, funkelte in der Tiefe smaragdgrün der Gletschersee.

Ich legte mich in die Sonne. Die Zeit verging. Als ich auf meine Armbanduhr sah, rief ich meinem Mann zu: „Paul, es ist schon Viertel nach zwei!" Er sah von seinen Büchern auf und gab mir durch Zeichen zu verstehen, dass er mich gehört hatte. In dem Augenblick sagte Paula: „Ich gehe zu Vater." Und sie begann, auf dem Felsgrat entlangzubalancieren. Irgendwo in der Nähe bellte ein Hund und schreckte mich auf.

Ein wenig beklommen dachte ich an den Wasserfall auf der einen Seite, der zwanzig Meter tief hinabstürzte, und an den Gletschersee auf der anderen Seite. „Sei vorsichtig, bitte!"

Ängstlich beobachtete ich, wie sie sich langsam vorwärtsbewegte. Paul beobachtete sie ebenfalls.

Sie hatte es geschafft. Er stand auf und streckte ihr seine Hand hin. In diesem Moment verlor sie den Halt, glitt aus und stürzte über den Felsrand ins Wasser. In Bruchteilen von Sekunden wurde sie in einen Strudel hineingezogen, dreimal herumgewirbelt und – bevor noch irgendeiner von uns begreifen konnte, was geschah – über den Wasserfall geschleudert.

Ich sprang auf, fassungslos schreiend. Was sollte ich nur tun? Ich konnte meiner Tochter nicht helfen! Mein Blick irrte zu meinem Mann hinüber und ich sah, wie er sich an die linke Brustseite griff und vornüberfiel! Selbst auf diese Entfernung hin konnte ich sehen, wie jede Farbe aus seinem Gesicht gewichen war. Eine Herzattacke! Alles schien für mich im Zeitlupentempo abzulaufen – dabei herrschte ein schreckliches Chaos. Ich musste mich zusammenreißen, durfte nicht hysterisch werden! Denn da waren ja noch die Kinder, die man uns anvertraut hatte. Wenn die jetzt auch noch kopflos reagierten?!

„O Gott, rette uns!", stöhnte ich verzweifelt. „O Herr, wenn du Paula von uns nehmen willst, gib, dass sie nicht leiden muss! Und bitte lass Paul nicht sterben!"

Unvorstellbar, dass Paula noch lebte. Wie

sollte jemand einen Fall aus zwanzig Meter Höhe in das eiskalte Wasser eines Gletschersees überleben! Ich wollte zu Paul hinübergehen, aber meine Beine zitterten so sehr, dass ich es nicht wagte. Ich hatte gerade beschlossen, durch den See hinüberzuschwimmen, als ein Mann von der Stelle, an der Paul lag, mir zurief: „Ich werfe ein Seil rüber! Mein Sohn ist ganz in Ihrer Nähe. Er wird das Seil auffangen und Sie können sich daran festhalten, wenn Sie herüberschwimmen."

Seine Frau, die drüben gerade versuchte, Paul Erste Hilfe zu leisten, war ausgebildete Krankenschwester. Als die Familie morgens losgefahren war, hatte der Mann eine lange Hundeleine mitgenommen. Erstaunt hatte ihn sein Sohn gefragt: „Was hast du denn mit der Leine vor?" – „Ich weiß es nicht", hatte der Vater entgegnet und das Seil in die Tasche gesteckt. Aber das alles konnte ich zu diesem Zeitpunkt natürlich nicht wissen.

Ich hielt mit der einen Hand das Seil umklammert, während ich mit dem anderen Arm Schwimmbewegungen machte. Das Wasser war eiskalt, was mir freilich gar nicht recht ins

Bewusstsein drang. So schnell wie möglich versuchte ich, ans andere Ufer zu gelangen.

Am Fuße des Wasserfalls sahen ein paar Jungen, die dort auf den Felsen herumspielten, wie ein menschlicher Körper ans Ufer gespült wurde. Geistesgegenwärtig zogen sie den leblosen Körper aus dem Wasser. Eine Frau, die sich auf den Felsen gesonnt und das alles beobachtet hatte, begann sofort mit Wiederbelebungsversuchen. Später erfuhr ich, dass auch diese Frau Krankenschwester und speziell für Erste Hilfe bei Badeunfällen ausgebildet war.

Ich selber kämpfte mich – halb schwimmend, halb laufend – durch das mit Steinbrocken übersäte Becken des Sees. In meiner Panik rutschte ich mehrmals auf den glitschigen Steinen aus. Dabei muss ich mir den Arm gebrochen haben. Er hing schlaff an meiner Seite herunter und als ich aus dem Wasser herauskam, durchzuckte mich ein grässlicher Schmerz. Ich sah, wie sich die Frau über Paul beugte. Der Mann mit dem Seil erklärte mir: „Sie ist Krankenschwester und kennt sich mit Herzattacken aus."

„Gott sei Dank!", stöhnte ich. Mein ganzer

Körper zitterte unkontrolliert. Dann fiel mir ein, dass ja in meiner Jackentasche die Herztabletten steckten. Ich sagte es der Krankenschwester. Irgendjemand hatte mein heftiges Zittern bemerkt und legte mir fürsorglich ein großes Handtuch um.

Die Krankenschwester wandte sich zu mir und sagte beruhigend: „Es ist Ihre Tochter, die über den Wasserfall geschleudert wurde, nicht wahr? Meine Schwägerin ist bei ihr. Sie wird alles tun, um sie zu retten."

Ich ließ mich auf den Boden sinken, nicht mehr fähig, meine Gefühle unter Kontrolle zu halten. Konnte es wahr sein, dass Paula vielleicht doch noch lebte?

„Sie brauchen unbedingt ein Schmerzmittel", sagte die Frau.

Ich versuchte, das Medikament aus der anderen Tasche hervorzuholen, aber ich war zu schwach dazu.

„Sie sind ja eine wandelnde Apotheke!", wunderte sich die Krankenschwester, als sie das Fläschchen mit dem Schmerzmittel aus meiner Tasche zog. Dann verlor ich das Bewusstsein.

Dass gleich zwei Krankenschwestern uns bei diesem Unfall helfen konnten, dafür gab es eine einfache Erklärung: Das Krankenhauspersonal streikte an diesem Tag und viele hatten das schöne Wetter zu einem Ausflug genutzt. Einer der Männer, die wir im Gletschersee hatten tauchen sehen, war Langstreckenläufer. Er rannte sofort zur nächsten Telefonzelle, um einen Krankenwagen anzufordern. Irgendwie schafften es alle Kinder, heil und gesund zu den Autos zu kommen. Eng aneinandergedrängt standen sie da, beteten und fragten sich angstvoll, was nun werden würde.

Schon bald traf ein Krankenwagen ein. Sanitäter legten Paula, meinen Mann und mich auf Tragen und transportierten uns ins Krankenhaus.

Um drei Uhr morgens erfuhr ich, was Paulas Röntgenuntersuchungen ergeben hatten: Sie hatte sich einen Halswirbel gebrochen, ein Arm war ausgekugelt und eine Niere sowie die Leber waren verletzt. Aber sie lebte!

Auf der Intensivstation des Krankenhauses lag Paul – angeschlossen an eine Herz-Lungen-Maschine. Am Morgen kam eine Krankenschwester an sein Bett und fragte ihn:

„Mr Powers, möchten Sie, dass ich für Sie, Ihre Frau und Ihre Tochter bete?“ Mein Mann nickte.

„Ich glaube“, bemerkte sie, „es wird Ihnen helfen, wenn ich Ihnen dieses kleine Gedicht vorlese.“ – Sie zog eine Karte aus ihrer Kitteltasche und begann leise zu lesen:

Spuren im Sand

Eines Nachts hatte ich einen Traum:
Ich ging am Meer entlang mit meinem Herrn.
Vor dem dunklen Nachthimmel
erstrahlten, Streiflichtern gleich,
Bilder aus meinem Leben.
Und jedes Mal sah ich
zwei Fußspuren im Sand,
meine eigene und die meines Herrn.

Als das letzte Bild an meinen Augen
vorübergezogen war, blickte ich zurück.
Ich erschrak, als ich entdeckte,
dass an vielen Stellen meines Lebensweges
nur eine Spur zu sehen war.
Und das waren gerade die schwersten
Zeiten meines Lebens.

Besorgt fragte ich den Herrn:
„Herr, als ich anfing, dir nachzufolgen,
da hast du mir versprochen,
auf allen Wegen bei mir zu sein.
Aber jetzt entdecke ich,
dass in den schwersten Zeiten meines Lebens
nur eine Spur im Sand zu sehen ist.
Warum hast du mich alleingelassen,
als ich dich am meisten brauchte?"

Da antwortete er: „Mein liebes Kind,
ich liebe dich und werde dich nie alleinlassen,
erst recht nicht in Nöten und Schwierigkeiten.
Dort, wo du nur eine Spur gesehen hast,
da habe ich dich getragen."

Sie sah meinen Mann an. „Ich kann Ihnen leider nicht sagen, wer das Gedicht verfasst hat. Es ist anonym. Aber es hat mich schon oft getröstet."

Paul hob schwach die Hand. „Ich kenne den Verfasser", flüsterte er. „Sehr gut sogar ..." Die Krankenschwester dachte, er sei wegen der starken Medikamente etwas benommen und nicht ganz bei sich. Aber Paul wiederholte: „Ich kenne den Verfasser sehr gut ... Es ist ... meine Frau."

Schicksalhafte Begegnung

„Vor dem dunklen Nachthimmel erstrahlten,
Streiflichtern gleich,
Bilder aus meinem Leben …“

Ehemann und Tochter auf der Intensivstation, ich mit einem gebrochenen Arm – über unserem Leben schien sich eine dunkle Wolke zusammengezogen zu haben. Aber wie durch ein Wunder waren beide am Leben. Und wie ich es früher erfahren hatte, vertraute ich auch jetzt darauf, dass Gott uns durch diese schwere Zeit hindurchtragen würde.

Mein Mann erzählte mir später, dass ihm die Krankenschwester „Spuren im Sand“ vorgelesen hatte. Dass diese Zeilen, die ich vor über zwanzig Jahren geschrieben hatte, offenbar so vielen Trost schenkten, berührte uns tief. So manche Erinnerung wurde bei dieser Gelegenheit wieder wach.

Meine ersten beiden Zusammentreffen mit Paul Powers kamen mir in den Sinn. Ich erinnerte mich daran, dass mir bei unserem zweiten Treffen vor allem seine schmutzigen Jeans aufgefallen waren – ja mehr noch: Seine ganze Kleidung hatte auf mich irgendwie schmuddelig gewirkt. Nichts von dem gepflegten, gut aussehenden, unwiderstehlichen Märchenprinzen, den ich mir erträumte und von dem ich mich auf stolzem Ross in eine strahlende Zukunft entführen lassen wollte.

Ich lebte damals in Toronto, im High-Park-Gebiet. Mein jüngerer Bruder Jim hatte mich und meine Schwester gebeten, mit ihm zu einer bestimmten Buchhandlung zu gehen. Dort trafen wir Paul, der in diesem Geschäft arbeitete. Mein Bruder und er kannten sich.

„Hallo, wie gehts? Toll, dich mal wieder zu treffen!“, begrüßten sich die beiden jungen Männer und schlugen einander auf die Schultern.

„Oh … übrigens … das sind meine Schwestern, Margie und Ruby“, erklärte Jim und deutete zu uns herüber. „Das hier ist Paul Powers. Wir waren zusammen auf dem Gymnasium. Ihr könntet euch vor drei oder vier Jahren schon mal auf unsrer Farm begegnet sein.“

Ich weiß nicht, ob sich Paul bereits seit jenem Zusammentreffen an mich erinnerte – aber umso besser erinnerte ich mich an ihn. Um ehrlich zu sein: Ich hätte unsere damalige Begegnung bis ins kleinste Detail wiedergeben können. Paul war die ganze Zeit ständig hin und her gelaufen und hatte bei mir die Überzeugung geweckt: „Also, den würde ich nicht heiraten, und wenn er der letzte Mann auf Erden wäre!"

Damals hatte ich es mir zwar nicht eingestanden, aber ich war schon etwas verstimmt, dass Paul mir nicht mehr Aufmerksamkeit gewidmet hatte. Meine Mutter verteidigte ihn: „Er hat ziemlich viel zu tun. Er stellt dem Schülerbibelkreis an unserem Gymnasium einen Film zur Verfügung. Wahrscheinlich wollte er Jim nur schnell Guten Tag sagen. Und er macht an der ‚Jugend-für-Christus'-Veranstaltung in Simcoe mit." Irgendwie erinnerte ich mich, dass Jim gesagt hatte, Paul besuche das London Bible College.

Jetzt begegnete ich Paul ein zweites Mal und ich musterte ihn eingehender. Ungefähr fünfundzwanzig mochte er sein und das hieß: vier Jahre älter als ich. Hinter seiner Brille mit der dunklen Fassung sah ich in zwei blaugraue Augen, die mich vergnügt anblitzten. Ich konnte mir nicht helfen: Trotz seiner nicht gerade geschniegelten Erscheinung wirkte er irgendwie anziehend mit seinen dunklen Haaren und dem sonnengebräunten Gesicht.

Er entschuldigte sich wegen seiner schmutzigen Kleidung. „Ich helfe gerade jemandem, ein paar Sachen zu transportieren", erklärte er und wischte sich den Schweiß von der Stirn. Es war August und ziemlich heiß. Und plötzlich fragte ich mich im Stillen, wie *ich* wohl aussehen mochte. Paul sah mich unverwandt an. Er drückte mir ein Buch in die Hand, das er die ganze Zeit gehalten hatte, und fragte: „Sind Sie verheiratet?"

Verdutzt sah ich auf den Titel und las: „Wie Ihre Ehe glücklicher wird".

Seine Frage kam ziemlich überraschend. Glitzerte da nicht etwas in seinen Augen? Ich verlor ein wenig die Fassung und sagte kurz angebunden: „Nein, und ich habe auch nicht vor, es in absehbarer Zukunft zu sein."

Paul würde heute sagen, ich sei ziemlich kratzbürstig gewesen. Verkneifen konnte ich es mir freilich nicht, die Frage zurückzugeben: „Und Sie? Sind Sie verheiratet?“

Er grinste und antwortete: „Nein! Aber ich denke darüber nach.“

Was Paul damals nicht wissen konnte: Ich hatte zu der Zeit immer noch daran zu knabbern, dass eine Beziehung zu einem jungen Mann kaputtgegangen war. Von daher hatte ich über Männer gerade keine besonders gute Meinung.

„Sollen wir nicht etwas Kühles trinken?“, schlug Paul vor. „Wir könnten in ein Restaurant gehen.“

Ich zögerte, doch Ruby und Jim, die sich inzwischen zu uns gesellt hatten, stimmten begeistert zu.

„Es gibt da in diesem neuen Restaurant ein fantastisches Getränk! Also, es besteht aus Orangensaft, Honig, Milch und dem Saft von Honigmelonen“, erklärte uns Paul.

Der Drink war in der Tat wunderbar erfrischend und genau das war auch unsere Unterhaltung. Paul war ein brillanter Erzähler und brachte uns alle zum Lachen.

„Wie kommen Sie nach Toronto?“, fragte mich Paul im Laufe des Nachmittags.

„Ich betreue einige Ferienkurse; ich bin Lehrerin“, antwortete ich. Damals war ich bereits drei Jahre im Schuldienst, während meine Schwester Ruby noch aufs Gymnasium ging. „Und ich helfe Jim bei seiner Arbeit.“ Allerdings verriet ich Paul nicht, um was für eine Arbeit es sich dabei handelte.

„Übrigens, Paul“, schaltete sich mein Bruder ein, „wir wollen am Samstag auf die Ausstellung.“ Die kanadische Nationalausstellung war jedes Jahr *das* Ereignis schlechthin. Wir liebten die aufregende Atmosphäre, die dort herrschte; es war immer etwas los.

„Warst du schon mal dort?“, erkundigte sich mein Bruder.

„Nein, aber ich würde gern mitgehen. Am Wochenende kann ich mir freinehmen. Margie, hätten Sie etwas dagegen, wenn ich mitkäme? Ich würde Sie gern abholen.“

Eine Verabredung?! Ich suchte krampfhaft nach einer Entschuldigung. Aber der Bursche hatte so etwas Anziehendes, Liebes an sich –

selbst wenn er ganz ernsthaft war. Du brauchst mal eine Abwechslung, dachte ich bei mir. Genau, das wars! Mal ein paar Stunden richtig Spaß haben.

„Sie werden es nicht bedauern, Ja gesagt zu haben", versprach Paul und die Vorfreude in seinen Augen überzeugte mich.

So verbrachte ich also den kommenden Samstag in Gesellschaft dieses jungen Mannes, mit dem man sich so gut unterhalten konnte.

Als Paul uns endlich an der Leichenhalle – da arbeitete mein Bruder nämlich – gefunden hatte, machten wir uns auf den Weg.

„Sie haben mir gar nicht gesagt, dass Sie in einer Leichenhalle zu Hause sind", witzelte Paul. „Ich habe Sie ganz schön lange suchen müssen."

Als er das sagte, klang es wie ein großer Spaß. Aber wenige Augenblicke zuvor hatte ich wirklich befürchtet, er hätte mich versetzt.

Am Morgen hatte es wie aus Eimern geschüttet; der Parkplatz des Ausstellungsgeländes war eine einzige Seenlandschaft. Paul kletterte aus dem Wagen, bahnte sich durch die Pfützen einen Weg zur Beifahrerseite. Ich zögerte ein wenig beim Aussteigen. Direkt vor mir glänzte eine besonders große Pfütze. „Darf ich Ihnen helfen?" Kurz entschlossen packte mich Paul und hob mich aus dem Wagen. Dann setzte er mich vorsichtig neben der Pfütze ab.

Auf dem Weg über den Parkplatz rutschte ich aus und wäre fast hingefallen. Wieder griff Paul nach meinem Arm.

„Sie sind so winzig", sagte er. „Ich glaube, ich muss Sie tatsächlich tragen, sonst gehen Sie mir noch in diesen Pfützen unter."

Wir lachten. Als wir das Ausstellungsgelände erreicht hatten, verlangte der Beamte am Drehkreuz den Eintritt für einen Erwachsenen und ein Kind, was ich nicht ganz so amüsant fand. Es machte die Sache auch nicht besser, dass Paul den Mann korrigierte und dieser verlegen erklärte: „Oh, tut mir leid, ich dachte, das wäre Ihre Tochter."

Man hatte mich mit meiner Statur schon öfter für ein Kind gehalten und bisher hatte ich eigentlich immer meinen Spaß dabei gehabt. Jetzt war es mir auf einmal peinlich.

Die über das ganze Gelände verstreuten Ausstellungszelte blähten sich im Wind; ein Riesenrad drehte sich und viele Karussells. Überall herrschte lebhaftes Gedränge. Fröhlichkeit, Lärm an allen Plätzen. Aus den Lautsprechern dröhnte Musik, dass man fast sein eigenes Wort nicht verstehen konnte. Am meisten aber interessierten uns die Ausstellungen und Vorführungen. Schon bald stellten wir fest, dass wir über alles Mögliche miteinander reden konnten; über Hobbys, über Musik, gute Bücher und vieles mehr.

Irgendwie gelang es uns, auf dem Gelände schließlich ein ruhiges Plätzchen zu finden, wo wir ungestört wie auf einer Insel saßen. Paul wollte wissen, was ich so als Missionslehrerin in Quebec machte. Er interessierte sich sehr für meine Arbeit; für die französischen, für die englischen Schüler und ebenso für die Indianerkinder. Ich hatte diese Klasse in den ersten drei Schuljahren gehabt.

„Leider musste ich wegen einer Krankheit mit dem Unterrichten aufhören“, gestand ich Paul. „Das ist mir sehr, sehr schwergefallen.

Aber im Herbst werde ich in der Nähe von Tillsonburg unterrichten."

„Darf ich erfahren, was passiert ist?" Vorsichtig, ganz behutsam kam die Frage.

„Wir hatten einen schrecklichen Gewittersturm", sagte ich langsam. Irgendwie zögerte ich, mich wieder an die furchtbaren Ereignisse dieses Monats Mai im Jahr 1963 zu erinnern. „Die Blitze zuckten von einer Bergspitze zur anderen und machten vielen Kindern Angst. Dabei waren die meisten an die Stürme gewöhnt. Ich hatte meinen Schülern immer wieder eingeschärft, bei einem solchen Sturm die Fenster zu schließen. Jimmie machte trotzdem das Fenster auf, ‚nur einen ganz kleinen Spalt', wie er sagte, um ein bisschen frische Luft zu schnappen."

Ich schaute Paul an. Er sah mich so interessiert an, dass ich gar nicht anders konnte als weiterzuerzählen.

„Ein Blitzstrahl fuhr durch das geöffnete Fenster und traf mich an der Wandtafel, wo ich gerade etwas anschrieb. An meinen Fingerspitzen konnte ich Funken fliegen sehen. Ich wurde zu Boden geschleudert. Ein paar Momente muss ich das Bewusstsein verloren haben. Als ich wieder zu mir kam, lag ich an der Seitenwand des Klassenzimmers auf dem Fußboden. Mühsam rappelte ich mich hoch, versuchte, die Kinder zu beruhigen. Ganz unbefangen wollte ich meinen Unterricht fortsetzen. Aber ich fühlte mich schwindlig und krank. Das Klassenbuch und die Gesichter begannen vor meinen Augen zu verschwimmen. Es blieb mir nichts anderes übrig, als die Kinder noch vor Ende des Unterrichts nach Hause zu schicken. Ich legte meinen Kopf auf den Schreibtisch und vergrub ihn in meinen Armen. Alles tat mir weh.

An den folgenden Tagen fühlte ich mich richtig krank. Die Schmerzen im Rücken und in meinem Arm wurden unerträglich. Aber ich habe weitergearbeitet. Als am Freitag meine beste Freundin, Betty Reside, zu Besuch kam, warf sie nur einen Blick auf mich und fuhr mich sofort ins Krankenhaus. Mein Zustand war weit schlimmer, als irgendjemand vermutet hatte. Es dauerte Wochen, bis ich wieder nach Hause konnte. Die Schulleitung weigerte sich, meinen Vertrag zu verlängern, weil es keineswegs sicher war, dass ich jemals wieder richtig arbeiten könnte. So ging ich zu meinen Eltern zurück."

Paul hatte zugehört, ohne mich zu unterbrechen. Aber jetzt nahm er meine Hand, zart und doch beruhigend. Ich fühlte mich geborgen in seiner Nähe und empfand Trost, als seine Augen in meinem Gesicht forschten.

„Gott hat mir Kraft gegeben!", vertraute ich ihm an. „Er hat mich da hindurchgetragen."

Schon bald stellten wir fest, dass wir uns, was unseren Glauben betraf, auf derselben Wellenlänge befanden. Je mehr wir uns aus unserem Leben anvertrauten, umso wohler fühlten wir uns. Wir entdeckten, dass wir beide anderen Menschen die Gute Nachricht von Jesus Christus bringen wollten. Immer enger, immer tiefer fühlten wir uns miteinander verbunden.

Heute würde mein Mann wohl sagen, er habe sich gegen Ende des Tages geschlagen gegeben und sich eingestanden, dass er rettungslos in mich verliebt war.

Dieser Samstag auf der Ausstellung war für

uns beide ein unvergesslicher Tag. Paul behauptete, meine „Katzenaugen“ hätten gefunkelt und ihm klargemacht, dass ich sehr fröhlich sein konnte. Aber es blieben einige Verletzungen und schlimme Erfahrungen, mit denen ich noch nicht fertig war. Paul hatte sich fest vorgenommen, mir zu helfen, diese schweren Dinge zu bewältigen. Damals wusste ich noch nicht, dass auch er eine Vergangenheit hatte, die er mit Gottes Hilfe zu vergessen suchte.

Es gab noch vieles, was wir nicht voneinander wussten. Eines freilich stand fest: Ich fühlte mich immer mehr zu Paul hingezogen.

Meine Schwester, mein Bruder und ich waren abends bei Freunden eingeladen. Kurzerhand nahmen wir Paul zu unseren Gastgebern mit. Der Abend war der perfekte Abschluss eines wundervollen Tages; ein anregendes Zusammensein, der Beginn einer harmonischen, wundervollen Beziehung. Natürlich war mir klar, dass auch sie von Schwierigkeiten nicht verschont bleiben würde. Aber wir würden einander haben. Und was noch wichtiger war: Wir waren uns dessen gewiss, dass Gott unseren Weg begleiten würde.

Spät am Abend bot mein Bruder an, Paul nach Hause zu fahren. Ich saß neben Paul im Wagen und wir redeten noch immer miteinander. Als Jim vor Pauls Haustür anhielt, gab mir Paul einen herzhaften Kuss.

Das kam überraschend, aber es war mir alles andere als unangenehm.

„Es war schön heute", strahlte ich ihn an.

„Das finde ich auch. Darf ich dir schreiben?"

Als mein Bruder und ich nach Hause fuhren, meinte ich etwas sorgenvoll: „Es war wirklich ein schöner Tag. Aber schreiben wird er mir bestimmt nicht!"

Wie sehr ich mich doch irren sollte!

Warum lässt Gott es zu?

„Mein liebes Kind, ich liebe dich
und werde dich nie allein lassen …"

Wissenschaftler haben herausgefunden, dass sich in einem Blitz die Energie von mehr als fünfzehn Millionen Volt entlädt. Manche Blitze haben eine Reichweite von über dreißig Kilometern.

Obwohl ich damals schon Lehrerin war, wusste ich zu der Zeit wenig über Naturgewalten. Ebenso wenig hätte ich etwas darüber sagen können, dass in jedem Jahr mehr Menschen durch Blitzschlag getötet werden als durch Wirbelstürme. Ich wusste nicht, dass sich schätzungsweise zwei Milliarden Blitze pro Jahr in der Atmosphäre entladen. Allein in den Vereinigten Staaten wird jeden Tag – statistisch gesehen – ein Mensch durch Blitzschlag getötet und vier weitere verletzt. Und doch ist die Wahrscheinlichkeit, von einem Blitz getroffen zu werden, sehr, sehr klein.

Ich überlebte einen Blitzschlag, doch seit dem Unfall an jenem Tag im Mai konnte ich nicht mehr so unbeschwert fröhlich leben wie zuvor. Alfred, einer meiner Schüler, war ein kleiner, zierlicher Junge. In meinem ganzen Leben würde ich ihn nicht vergessen. Er macht mich in einer Art und Weise mit dem Tod vertraut, wie ich es niemals zuvor erlebt hatte.

Seit Beginn des Schuljahres hatte Alfred in seiner schüchternen Art kaum mehr als ein paar Worte mit mir gesprochen. Nun war es Mai, das Schuljahr fast vorüber. Ich hatte mit den Kindern Körbchen gebastelt und die meisten hatten ihre Kunstwerke schon vor einem Monat oder noch früher mit nach Hause genommen. Nur Alfred nicht. „Weshalb bist du immer noch nicht fertig?", fragte ich ihn. Er flüsterte mir ins Ohr: „Ich warte noch auf den richtigen Moment, in dem ich etwas Wichtiges in mein Körbchen hineinlegen kann."

An jenem Nachmittag, ich war erschöpft und benommen von den Nachwirkungen des Blitzschlags, stand Alfred plötzlich neben mir, ein strahlendes Lächeln auf seinem zarten Gesicht.

„Guck mal!", sagte er und hielt mir einen Strauß Löwenzahn hin. Die Blumen waren so schön, dass ich mich scheute, die Stängel kürzer zu schneiden, damit sie in seinen kleinen Korb passten. Aber genau das war es, was Alfred von mir verlangte. Vorsichtig legte er sie hinein, dann lief er zur Tür zu dem bereits wartenden Schulbus. Noch beim Einsteigen winkte er mir fröhlich zu.

Tief bewegt dankte ich Gott für diesen Fortschritt bei Alfred. Der kleine Kerl konnte also doch aus sich herausgehen!

Dann schleppte ich mich zu meiner Wohnung. Ich legte mich ein paar Stunden hin, aber die Schmerzen in meinem rechten Arm wurden immer stärker. Draußen tobte das Gewitter und der Sturm unvermindert weiter. Wie dankbar war ich, in meinem gemütlichen Zimmer geborgen zu sein.

Ich saß im Bett und versuchte mich auf meinen Unterricht vorzubereiten, aber es wollte nicht recht gelingen. Da läutete das Telefon. Was mir da mitgeteilt wurde – mein Verstand weigerte sich, es zu glauben.

„Nein, nein! Sag, dass es nicht wahr ist!“, schrie ich fassungslos. Aber es war so.

Alfred war, als er seine kleineren Schwestern ins Haus schieben wollte, von einem Blitz getroffen worden. Obwohl kaum bei Bewusstsein, hatte er darauf bestanden, seinen kleinen Korb ins Krankenhaus mitnehmen zu dürfen. Kurz nach dem Eintreffen im Hospital war er gestorben.

Abgrundtiefe Verzweiflung erfüllte mich. Nur mit Mühe konnte ich am Begräbnis dieses geliebten Kindes teilnehmen und während des Trauergottesdienstes die Orgel spielen. „Warum musste Alfred sterben? Warum er? Warum nicht ich?"

Immer wieder sah ich ihn vor mir – dieses freundliche, so unglaublich liebenswerte Kind.

Ich begann zum ersten Mal, intensiv über den Tod nachzudenken. Ich griff nach der Bibel in der Hoffnung, eine Antwort auf meine brennenden Fragen zu finden. Seitdem suche ich dort nach Anweisungen und Antworten auf meine Fragen. Ich wurde nicht enttäuscht. Im Buch Jeremia, Kapitel 10, Vers 23 las ich, dass Gott einem Propheten gesagt hatte, unser Leben gehöre nicht uns, und unser Tun stehe nicht in unserer Gewalt.

Das brachte mich ins Nachdenken. Die meisten Menschen sind irgendwie davon überzeugt, dass nur alte Leute sterben, nicht jüngere oder gar Kinder, die ihr Leben noch vor sich haben. Jesus Christus hat hier auf der Erde seine große Liebe für Kinder bewiesen. Er rief sie zu sich und ermahnte die Erwachsenen, so zu werden wie die Kinder. Ich sah Alfred vor mir mit seiner drolligen Art, seiner Zutraulichkeit.

Und ich fand weitere Aussagen in der Bibel, die mir bestätigten, dass der Tod nicht das Ende bedeutet; dass auf diejenigen, die Gott lieben und durch den Glauben an Jesus Christus seine Kinder geworden sind, das ewige Leben in Gottes Reich wartet.

Ich erinnerte mich auch daran, was Jesus seinen Jüngern über den Himmel erzählt hatte:

„Seid ohne Sorge, und habt keine Angst! Vertraut Gott, und vertraut mir! Denn im Hause meines Vaters gibt es viele Wohnungen. Wenn es nicht so wäre, hätte ich euch nicht gesagt: Ich gehe hin, um dort alles für euch vorzubereiten.

Und wenn alles bereit ist, werde ich wiederkommen und euch zu mir holen. Dann werdet auch ihr dort sein, wo ich bin. Den Weg dorthin kennt ihr ja" (Johannes 14,1-4).

Als ich mit meinen Kindern im Unterricht über den Tod und über den Himmel sprach, entdeckte ich, dass sie meine Aussagen in einer kindlich vertrauensvollen Weise aufnahmen. Sie waren selbst ziemlich niedergedrückt und versuchten doch, mich zu trösten. Ein kleines Mädchen erklärte mir: „Wenn man stirbt, wird man nach Hause in die Arme Jesu getragen. Und er legt einen ganz sacht zum Schlafen auf sein großes weißes Kissen." Welch ein schönes Bild! Und welches Vertrauen! Die Kleine sagte mir, ich brauchte niemals Angst zu haben, denn Gott sei ja immer da.

Später, als ich dann mein Gedicht schrieb, klangen irgendwo in meinem Herzen wie ein Echo ihre Worte nach: „Mein liebes Kind, ich liebe dich und werde dich nie allein lassen ..."

Meine Schüler gaben mir während dieser ersten Tage den so dringend benötigten Trost und Kraft. Beides würde ich auch in den kommenden Monaten brauchen. Wie sich im Krankenhaus herausstellte, war ich nicht mehr imstande, das Schuljahr zu Ende zu führen. Die Auswirkungen des Blitzschlags auf meine Gesundheit waren so schwerwiegend, dass es Monate dauern würde, bis ich wiederhergestellt war.

Schweren Herzens musste ich meine Klasse abgeben; ich zog zu meinen Eltern zurück. Als Folge des Unfalls litt ich an entsetzlichen migräneartigen Kopfschmerzen. Um mich behandeln zu lassen, musste ich meine langen rotbraunen Locken abschneiden lassen. Als die Haare später wieder nachwuchsen, behielt ich eine Strähne zurück, die mich mein Leben lang daran erinnern sollte, Gott für jeden Tag dankbar zu sein, den er schenkt.

Noch langsamer erholte ich mich von dem Schock, den ich durch den Unfall erlitten hatte. Während dieser Zeit in meinem Leben entdeckte ich, dass wir Menschen uns sehr schwer damit tun, Krankheit und Tod zu akzeptieren. Wir suchen an den verkehrten Stellen nach Antworten auf unsere brennenden Fragen oder wir hadern mit Gott.

Obwohl ich es damals nicht einordnen konnte, ließ Gott es in seiner weisen Voraussicht zu, dass meine Beziehung zu einem jungen Mann, die ich für ewig gehalten hatte, in die Brüche ging. Wenn ich um die Beziehung gekämpft, wenn ich Kompromisse eingegangen wäre – vielleicht wäre es nicht so weit gekommen. Aber meinen Glauben konnte ich einfach nicht dafür drangeben.

Trotzdem litt ich sehr unter dem Ende dieser Beziehung. Wahrscheinlich habe ich das Ganze auch ein wenig dramatisiert. Die Dichterin in mir suchte ja immer nach Wegen, ihren innersten Gefühlen sichtbaren Ausdruck zu verleihen, und … ich war noch sehr jung. Es fehlte mir noch in mancherlei Hinsicht an Reife. Schmerzen und Leid sind Teile des Wachstums- und Reifeprozesses. Viele meiner Freunde hielten mich für hoffnungslos romantisch. Ich selbst allerdings fühlte mich nur hoffnungslos …

Auf unserer Farm in Tillsonburg erholte ich

mich allmählich von den schweren Erlebnissen. Ich begriff, dass ich Gott in allem, was bisher in meinem Leben geschehen war und noch geschehen würde, mein ganzes Vertrauen entgegenbringen konnte.

Heute glaube ich, dass jeder, der Gott vertraut, auch erfahren wird, dass Gott ihn die richtigen Wege führt, doch ebenso die richtigen Stopps setzt. Auch wenn wir das Gefühl haben, dass unser Weg schwierig, einsam oder traurig ist, sind wir nicht allein. Gott steht zu seiner Zusage:

„Mein liebes Kind,
ich liebe dich und werde dich nie allein lassen,
erst recht nicht in Nöten und Schwierigkeiten.
Dort, wo du nur eine Spur gesehen hast,
da habe ich dich getragen."

Liebesbriefe

„Gottes Wege sind vollkommen …“
Psalm 18,31

Der wundervolle Tag mit Paul Powers auf der kanadischen Nationalausstellung füllte meine Gedanken in den nächsten Tagen vollständig aus. Und als ich mich an all das zurückerinnerte, was seit Mai geschehen war, stellte ich zu meiner Überraschung und Freude fest, dass ich seit meiner Begegnung mit Paul viel hoffnungsfroher in die Zukunft blickte.

Jeden Morgen wartete ich voller Spannung auf den Briefträger. Und schon Mitte der Woche wurde mein Warten belohnt. Bei der Post war ein Brief von Paul, abgestempelt in Toronto. Er hatte diesen Brief also noch an diesem bewussten Samstag geschrieben. Zu sagen, ich hätte mich darüber gefreut, wäre eine totale Untertreibung gewesen. Ich konnte es kaum abwarten, ein ungestörtes Plätzchen zu finden, um den Umschlag endlich aufreißen zu können.

Schon am Mittwoch schrieb Paul einen zweiten Brief. Seine Briefe enthüllten mir Dinge aus seinem Leben, die ich bis dahin nur hatte vermuten können. Natürlich war mir schnell klar geworden, dass sein Glaube Tiefgang hatte. Aber in der kurzen Zeit unseres Beisammenseins konnte ich das alles gar nicht in seinem ganzen Ausmaß erfassen, geschweige denn würdigen.

Am Samstag war ich gerade auf dem Weg zum Briefkasten, als plötzlich Paul selbst vor mir stand. Mein Bruder hatte ihn für das Wochenende zu uns eingeladen, ohne mir etwas davon zu sagen. Wortlos gab ich Paul meinen Brief und er entgegnete lächelnd: „O fein! Von jetzt an darfst du mir meine Briefe nur noch eigenhändig zustellen!"

Was ich darauf erwiderte, war ein eher mattes „Schön, dass du gekommen bist!". Dabei strengte ich mich sogar noch an, meine Stimme nicht gar zu freudig klingen zu lassen.

Mein Vater kam und sofort bot Paul ihm seine Hilfe an. Er wurde beim Wort genommen. Paul mähte mit unserem alten Rasenmäher eine Wiese von gigantischen Ausmaßen und half meinem Vater dabei, ein Hornissennest unter dem Dachvorsprung zu beseitigen. Rein zufällig hatte ich die ganze Zeit ebenfalls draußen zu tun; jätete Unkraut, hackte die Beete, harkte das Gras zusammen … Niemals hätte ich es mir eingestanden, dass ich das alles nur tat, um in Pauls Nähe zu sein.

Am Abend spielten wir Monopoly und rösteten Popcorn. Wunderschön war es – und je besser wir Paul kennenlernten, umso mehr gefiel er uns allen.

Am Sonntagmorgen gingen wir zum Gottesdienst. Hier traf Paul einen Bekannten vom London Bible College; es war unser Pastor.

Der Tag ging viel zu schnell zu Ende und ehe ich mich versah, waren Jim und Paul schon wieder auf dem Wege nach Toronto. Beim Abschied versprach Paul, mir wieder zu schreiben. Und er hielt sein Wort! Ich bekam zwei, manchmal sogar drei Briefe in der Woche, die ich getreu beantwortete. In diesen Briefen ließ ich ihn an so vielen Dingen aus meinem Leben teilhaben, wie ich es vorher nie für möglich oder wünschenswert gehalten hätte. Ich vertraute ihm Dinge über mich an, über die ich noch mit keinem anderen Menschen gesprochen hatte. Unsere Freundschaft wuchs. Und immer häufiger kam Paul zu uns auf die Farm.

„Erzähl mir von deiner Kindheit", bat er mich einmal, als er wieder bei uns war. „Hast du schon immer gern Klavier gespielt?"

„Da fragst du am besten meine Eltern", entgegnete ich etwas steif.

Aber dann sprudelte ich es nur so heraus: „O Paul, du wirst es nicht glauben, ich habe schon mal im Schlaf ein Musikstück komponiert. Als kleines Kind bin ich manchmal geschlafwandelt und einmal bin ich mitten in der Nacht die Treppe hinuntergegangen und habe mich im Wohnzimmer ans Klavier gesetzt. Der Rest der Familie war davon nicht gerade sehr erbaut …"

Wir lachten beide.

„Um deine Frage zu beantworten – meine Eltern haben ziemliche Opfer gebracht, damit ich ein Klavier bekam. Mit sechs Jahren konnte ich schon Melodien nach dem Gehör spielen. Mein Vater stellte manchmal das Radio an, und wenn er einen Schlager hörte, der ihm gefiel, sagte er zu mir: ‚Midge, hör mal kurz her. Gleich drehe ich das Radio wieder ab und du spielst das Lied auf dem Klavier, okay?'

Und das habe ich dann auch getan. Irgendwann wollte ich dann Klavierstunden nehmen. Alle behaupteten, das hätte bei mir keinen Zweck. Aber ich war fest entschlossen, ihnen das Gegenteil zu beweisen. Also habe ich mit dreizehn angefangen, richtigen Klavierunterricht zu nehmen."

„Und heute bist du auf dem besten Wege, eine Konzertpianistin zu werden. Und komponieren tust du auch noch immer", sagte Paul bewundernd. „Gott hat dir viele Gaben anvertraut, Margie."

Seine Bewunderung tat mir gut. Ich freute mich auch darüber, dass er der Meinung war, jede Begabung – welcher Art auch immer – habe ihren Ursprung in Gott.

„Ich wünsche mir eigentlich, dass meine Gedichte und die Musik, die ich mache, das zum Ausdruck bringen, was Gott in mein Herz und meine Seele hineingelegt hat", vertraute ich Paul an.

„Das tun sie auch, Margie", sagte er ruhig und

streichelte meine Hand. „Ganz bestimmt tun sie das …“ In seinen Augen glitzerten Tränen.

„Erzähl mir von dir, Paul“, bat ich.

Er zögerte, sagte aber schließlich: „Wie ich aufgewachsen bin, das lässt sich nicht mit deiner glücklichen, behüteten Kindheit vergleichen …“

Ich hörte von Erlebnissen, die mich in Tränen ausbrechen ließen. Ich konnte einfach nicht verbergen, wie sehr mich sein trauriges Schicksal bewegte.

Pauls Mutter starb, als er noch sehr klein war. Und was dann folgte, lässt sich nur mit dem Begriff „Kindesmisshandlung“ beschreiben.

Pauls Mutter war gerade gestorben und der verstörte Siebenjährige stand neben ihrem Bett, schluchzte herzzerreißend, da schlug ihm sein betrunkener Vater mit der Faust ins Gesicht. Weiter auf ihn einprügelnd, trieb er den Jungen durch das ganze Zimmer. Aber damit nicht genug! Er trat auf das blutende Kind ein und brüllte: „Das … ist … dafür, dass du heulst! Gib endlich Ruhe, du Esel! Männer heulen nicht! Nur Babys …“

Derselbe Wagen, in dem Pauls tote Mutter

lag, nahm nun auch ihn mit und brachte ihn ins Spital. Hier behandelte man ihn wegen eines gebrochenen Handgelenkes, einiger gebrochener Rippen und mehrerer Platzwunden. Ein Auge war grässlich verschwollen und der Vater hatte ihm einige Zähne ausgeschlagen.

„Aber ich habe nicht geweint!", sagte Paul. „Ich habe mir damals geschworen, niemals wieder zu weinen."

Paul verlor an jenem schrecklichen Tag nicht nur seine Mutter – seine Kindheit war zu Ende. Ein misstrauischer kleiner Junge war er geworden, den man gezwungen hatte, über Nacht ein Mann zu werden.

Die zweite Heirat seines Vaters machte die Sache auch nicht besser. Pauls Stiefmutter brachte eigene Kinder mit in die Ehe und in den folgenden Jahren wurden weitere Kinder geboren.

Im Alter von acht Jahren hatte Paul bereits Bekanntschaft mit der Polizei gemacht. Anfangs völlig ahnungslos, wurde er beim Spielen mit Nachbarskindern in Ladendiebstähle mit hineingezogen; es bildeten sich Banden, die

Einbrüche begingen, Menschen überfielen und sogar vor einem Mord nicht zurückschreckten.

Paul verbrachte Jahre in immer neuen Erziehungsheimen und landete schließlich im Gefängnis, einem ehemaligen Kriegsgefangenenlager für deutsche Soldaten. Als Paul sechzehn war, brachte man ihn in das Gefängnis in Guelph, Ontario. Hier steckten sie ihn in eine Einzelzelle. Aber in dieser Haftanstalt erhielt er die Chance, an dem Unterricht einer Handelsschulklasse teilzunehmen. Schon bald zeigten sich seine Begabungen. Anschließend kam Paul in die Haftanstalt Bowmanville, wo er in einer Schuhfabrik arbeitete. Und hier wendete sich alles zum Guten. Als Paul entlassen war, wohnte er bei einem älteren Ehepaar, die Christen waren – Clara und Clarence Adams. Pauls Leben sollte sich dramatisch ändern.

„Ein Mädchen lud mich zu einer Veranstaltung von ‚Jugend für Christus' ein", berichtete Paul, „und ich ging tatsächlich hin. Mehrere Male sogar …"

Er konnte nicht weitersprechen.

„Du weinst ja …", sagte ich leise.

„Ja … Die ganzen Jahre, seit meine Mutter gestorben war, hatte ich alles in mir abgewürgt. Nach einer dieser Veranstaltungen mit ‚Jugend für Christus' ist dann der Damm gebrochen. Gott und ich – wir hatten ein gutes Gespräch miteinander. Ich bat Jesus um Vergebung, so wie es der Verbrecher am Kreuz getan hatte. Es war, als hätte Gott zu mir gesprochen und mir gesagt, dass er mich liebt. Und ich habe ihm geglaubt. Jetzt kann ich wieder weinen und alles ist gut …"

Später zog Paul nach London, Ontario, um bei ‚Jugend für Christus' mitzuarbeiten. Er half den Mitarbeitern bei ihren Einsätzen beim Jugend- und Familiengericht, organisierte Großveranstaltungen rund um Belleville. Daneben betreute er Jugendliche, die mit dem Gesetz in Konflikt gekommen waren, die durch eine ähnliche Hölle gegangen waren wie er selbst.

Was Paul mir an diesem Tag nicht erzählt hatte, sollte ich schon bald aus seinen Briefen erfahren, denn wir schrieben uns auch weiterhin – ganz regelmäßig. Sehr bald wurde mir klar, dass es sich hierbei um Briefe handelte, in denen mich Paul immer tiefer in sein Herz sehen ließ, und auf dem Grunde seines Herzens las ich ganz eindeutig und ohne jeden Zweifel: Ich liebe dich!

Rückblick

„Darum lebt nun auch wie Kinder des Lichts! Prüft in allem, was ihr tut, ob es Gott gefällt."
EPHESER 5,8 B. 10

Die Gespräche mit Paul und die Briefe, die wir uns schrieben, brachten mich zum Nachdenken. Ich versuchte herauszufinden, was Pauls Leben so dramatisch verändert und ihn zu dem Mann gemacht hatte, der er jetzt war und vor dem ich so viel Achtung empfand. Dabei merkte ich, dass es an der Zeit war, über mein eigenes Leben nachzudenken und darüber, was ich darin erreichen wollte.

Ich hatte das große Glück gehabt, in einer glücklichen, harmonischen Familie aufzuwachsen. Mit fünf Geschwistern – wobei Gordon ein angenommenes Kind war – bin ich groß geworden. Mein Vater pflegte immer voller Stolz zu erklären: „Wir haben drei Söhne und drei Töchter!"

„Dich haben wir nach Prinzessin Margaret Rose benannt", erinnerte er mich oft. Die Vorfahren meiner Mutter stammten aus Schottland; die Eltern meines Vaters waren noch vor seiner Geburt von Düsseldorf nach Kanada ausgewandert.

„An der Grenze zwischen Österreich und Deutschland gibt es einen Ort ‚Fischbach'. Davon stammt unser Name."

Mein Vater war stolz auf seine deutsche Herkunft. Allerdings hingen meine ersten sehr unangenehmen Erinnerungen in der Schule gerade damit zusammen, dass meine Großeltern aus Deutschland stammten.

Es war im ersten Schuljahr. Irgendwie gab es Schwierigkeiten mit meiner Lehrerin, weil ich mich entsetzlich langweilte. „Sprich endlich mal ein vernünftiges Englisch!", fuhr sie mich an. Ganz offensichtlich hatte ich von meinem Vater die deutsche Aussprache mancher Wörter angenommen. Und jedes Mal wenn ich ein Wort in dieser Weise aussprach, schlug sie mir mit ihrem Zeigestock quer über die Hand – mit einem ziemlich kräftigen Holzstock, der eine schwarze Spitze aus Gummi hatte. Ständig lief ich mit geröteten Knöcheln herum! Noch heute höre ich die Stimme dieser Lehrerin: „Du sollst die Worte nicht deutsch aussprechen!“ Und wieder sauste der Stock auf meine Hand.

Eines Tages saßen mein Vater und ich an unserem Lieblingsplatz und hielten ein Plauderstündchen. Ich erzählte davon, was mir in der Schule passierte. Mein Vater sagte: „Du kannst stolz sein auf deine Vorfahren“, fügte aber gleich hinzu: „Aber denke daran, was in der Bibel steht, und gib deiner Lehrerin keine Widerworte!“

Diese Lehrerin verschaffte mir zum ersten Mal in meinem Leben die Erfahrung, dass mir jemand feindlich gegenübertrat. Heute weiß ich, dass nicht ich der Grund für die Feindseligkeit dieser Frau war. Die Ursache war der Zweite Weltkrieg.

Später wollte ich in einer höheren Klasse Nachforschungen über meine deutsche Herkunft anstellen, aber meine Mutter verbot mir das sehr energisch. Vorsicht, dachte ich und brachte das Ganze nicht wieder zur Sprache – eingedenk meines ersten Schuljahres und der stets wunden Knöchel.

Schon früher bekam ich die Bestrafung

durch eine Lehrerin und den damit verbundenen Schmerz zu spüren. Ich ging noch in den Kindergarten und die Leiterin dieses Kindergartens hatte einen roten Lederriemen, mit dem sie uns hin und wieder über die Finger schlug. Als sie einmal den Raum verlassen hatte, ergriffen wir die Gelegenheit und tobten ausgelassen durch den Raum. Alle machten mit. Als unsere Kindergartenleiterin in das Zimmer zurückkehrte, mussten wir uns alle aufstellen und nacheinander in den Waschraum kommen. Ich konnte hören, wie sie die Kinder schlug, die vor mir dran waren. Plötzlich musste ich weinen, konnte überhaupt nicht mehr aufhören. Wie leid mir meine Spielkameraden taten! Ich machte mir mehr Gedanken um sie als um mich. Als ich dann an der Reihe war, war es überhaupt nicht so schlimm. Es tat nur ein bisschen weh und ich war ganz verwirrt. Ob die Leiterin bei mir nicht so fest zuschlug, weil ich so zierlich wirkte? Hielt sie mich gar für unschuldig?

Merkwürdig, dass mir das alles jetzt wieder einfiel. Ich hatte damals um meine Freunde geweint, nicht um mich. Über das Unglück anderer zu weinen, fällt mir heute noch sehr leicht. Pauls Leiden rührte mich zu wahren Tränenströmen. Weinen hat heilsame Wirkung. Gott selbst achtet unsere Tränen nicht gering. In Psalm 56 lesen wir sogar, dass er sie sammelt. Noch an vielen anderen Stellen wird gesagt, dass Gott unser Weinen bemerkt. Aber er verspricht auch, dass er eines Tages alle Tränen von unseren Augen abwischen wird (Jesaja 25,8). Dann wird es auch keinen Tod, kein Leid, keinen Schmerz mehr geben (Offenbarung 21,4).

Ich bin fest davon überzeugt, dass ich seit jeher meinem Schutzengel ganz schön viel Arbeit gemacht habe. Zum Beispiel an einem Tag, als ich noch sehr klein war. An jenem Tag hätte ich um ein Haar tot sein können. Meine Schwester und ich hatten in einem Geschäft eine Kleinigkeit eingekauft. Auf dem Nachhauseweg begegneten wir unserem Cousin. Er wollte uns fangen, wir rissen aus und ich rannte blindlings über die Straße. Dabei wurde ich von einem Lastwagen erfasst. Der Unfall ereignete sich vor dem Gebäude unserer Gemeinde. Der Fahrer des Lasters hob mich auf und trug mich bis zu unserem Haus. Meine Schwester schrie und weinte, dasselbe tat ich auch. Aber weniger, weil ich ernsthaft verletzt gewesen wäre – ich mochte es einfach nicht, getragen zu werden. Und wahrscheinlich fürchtete ich mich auch davor, dass meine Eltern mit mir schimpfen könnten. Hatten sie uns doch stets eingeschärft, vor dem Überqueren der Straße nach rechts und links zu gucken.

Ein anderes Mal – ich war ungefähr dreizehn und im Garten damit beschäftigt, Kartoffeln auszumachen – landete eine dicke Hummel auf meiner Hand. Ich hatte ziemliche Angst vor diesen Tierchen, seit mein Onkel an dem Stich einer Biene gestorben war. Ich fing an zu schreien und mein Bruder Jim kam angerannt, um mir zu helfen. „Rühr mich nicht an!“, rief ich. Irgendwie wusste ich in dem Moment, dass Gott mir helfen würde. Ich hatte fast den Eindruck, er käme vom Himmel herunter, um mir beizustehen.

Kindlich vertrauensvoll betete ich: „Bitte, lieber Herr Jesus, nimm die Hummel weg, dann werde ich dich in mein Leben aufnehmen!"

„So darf man doch nicht mit Gott handeln!", höre ich jetzt einige Leute sagen. Aber Gott hat genau gewusst, dass ich mich schon früher mit dem Glauben an ihn beschäftigt hatte – und jetzt war es zur Entscheidung gekommen. Gerade jetzt! Meine ältere Schwester war bereits Christ, und immer wieder hatte sie mich gedrängt, doch auch diesen Schritt zu tun. Ich wusste, dass sie für mich betete (das konnte ich sogar hören). Meiner Mutter und meiner Schwester aber hatte ich immer wieder erklärt: „Ich bin jetzt nicht so daran interessiert. Ich will Konzertpianistin werden oder Schauspielerin oder Lehrerin …"

„Sie ist ganz schön stur, unsere Kleine …", hatte meine Mutter geseufzt und zu dieser Behauptung hatte sie in jenen Jahren mehr als einmal Grund.

Ich wollte einfach nicht, dass mir irgendjemand in meine Zukunftspläne hineinredete. Und ich war auch nicht gewillt, mich zu ändern oder meine Träume aufzugeben. Damals wusste ich noch nicht, dass Gott uns nichts wegnimmt!

Im Gegenteil! Er beschenkt uns und verstärkt sogar noch die Gaben, die er uns anvertraut hat. Gott gibt stets das Beste!

An jenem Tag, als die Hummel weggeflogen war, ohne mich zu stechen, hatte ich zu meiner Mutter gesagt, dass ich mich taufen lassen wolle. Von diesem Moment an sollten es alle erfahren, dass ich Christus in mein Leben aufgenommen hatte.

Eine andere Begebenheit fiel mir ein, als ich so über mein bisheriges Leben nachdachte. Zu meinem großen Erstaunen hatte ich festgestellt, dass Pauls Vergangenheit ihn nicht zerstört hatte. Er sagte häufig: „Schwierige Dinge im Leben sollen zu Leitpfosten werden und keine Stolpersteine sein."

Ich bewunderte ihn, wie sehr er sich für junge Menschen einsetzte, und begriff, weshalb er so viele Jahre bei ‚Jugend für Christus' mitgearbeitet hatte. Er hatte einen besonderen, erfahrenen Blick für die Menschen auf der Schattenseite des Lebens und brachte ihnen großes Erbarmen entgegen. Seine größte Liebe freilich galt seinem Herrn, und das würde immer so bleiben.

Auch ich mochte Kinder. Aber hatte es darüber hinaus in meiner Vergangenheit irgendetwas gegeben, das den Wunsch in mir erweckt hätte, einen Beruf „mit Kindern“ zu wählen?

Mir fiel ein, dass mich die Lehrer in der Schule häufiger aufgefordert hatten, anderen Kindern zu helfen oder ihnen etwas zu erklären. Ich konnte gut mit ihnen umgehen. Allerdings erinnere ich mich auch, dass zwei Mädchen mich überhaupt nicht mochten, ja mehr noch: Die ganzen Schuljahre über waren sie gehässig und gemein zu mir. Was ich auch tat – immer beobachteten sie mich feindselig. Vielleicht kam die Feindschaft daher, dass eines dieser Mädchen sehr groß und dick war, während ich immer zu den Zierlichen gehörte.

Ein Junge aus meiner Klasse entwickelte sich während dieser Jahre zu einer Art Beschützer für mich. Wenn Not am Mann war, sprang er dazwischen und befahl den Mädchen, mich in Ruhe zu lassen. Aber dann war er einmal nicht da. Das große dicke Mädchen zog mich in eine Ecke, in der uns niemand sehen konnte, und presste mich auf den Boden. Dann setzte sie sich auf mich und kitzelte mich, bis ich keine Luft mehr bekam. Ich dachte, ich müsste sterben. Wenn uns nicht schließlich doch jemand entdeckt hätte, wäre ich vielleicht tatsächlich erstickt. Als ich endlich frei war, rannte ich nach Hause und brach dort zusammen. Ich war richtig krank und einige Tage nicht in der Lage, zur Schule zu gehen. Mein Lehrer besuchte mich und entschuldigte sich bei mir und meinen Eltern. Meine beiden Feindinnen waren bestraft worden und man hatte ihnen strengstens verboten, mich noch einmal zu behelligen.

Trotz allem spürte ich noch lange Zeit danach eine große Traurigkeit in meinem Herzen. Ich konnte einfach nicht verstehen, warum diese Mädchen mich so hassten. Ich hätte sie gern als Freundinnen gehabt und ihnen geholfen.

Als ich so über diese Erlebnisse nachdachte, begriff ich, dass Gott mir Liebe ins Herz geschenkt hatte für Menschen, die noch nichts von ihm wussten. Es war wie ein Ruf an mein Leben und ich würde ihm folgen. Ich weiß noch gut, wie mein Vater mich damals gefragt hatte: „Was will Gott dir damit wohl sagen, Midge?"

Gewissenhaft folgte ich diesem Ruf. Die Gedichte, die ich in jener Zeit schrieb, sprechen davon, in welche Richtung ich gehen wollte. Zum Beispiel diese wenigen Zeilen, die widerspiegeln, was ich in jener Zeit gelernt hatte:

„Die Menschen brauchen deine Vergebung,
dein Wort der Ermutigung.
Du wirst sie überall finden –
vielleicht ist der es, der ganz nah bei dir ist."

Wie sehr wünschte ich mir, Gott zu gefallen, so zu leben wie ein Kind Gottes.

Ein Spaziergang am Strand

„Nicht ein Engel und nicht ein Bote,
sondern sein Angesicht half ihnen.
Er erlöste sie, weil er sie liebte und Erbarmen mit ihnen hatte. Er nahm sie auf und trug sie allezeit von alters her."
JESAJA 63,9

Paul war eingeladen worden, anlässlich des Erntedankfests bei einer Jugendfreizeit in einem Ort, knapp zweihundert Kilometer östlich von Toronto, Vorträge zu halten. Er hatte mich angerufen und gefragt, ob ich ihn begleiten und bei den Veranstaltungen Klavier spielen würde. Begeistert hatte ich zugestimmt.

Jetzt arbeitete ich als Lehrerin in Ingersoll. An jenem Freitagnachmittag fuhr ich nach dem Unterricht zu meiner Schwester, die in einem Vorort Torontos wohnte, direkt am Ontariosee. Hier wollte ich mich mit Paul treffen. Wir kamen etwa zur gleichen Zeit bei meiner Schwester an.

Wirklich – ich war nicht vorbereitet auf das, was kurz nach unserer Ankunft geschah. Ich war gerade im Schlafzimmer und packte noch ein paar Sachen in meine Reisetasche, als Paul hereinkam. Er ging auf mich zu, umarmte, küsste mich und sagte: „Ich liebe dich und ich weiß, dass du mich auch liebst. Jetzt habe ich eine Überraschung für dich!"

Mit diesen Worten zog er ein kleines Kästchen hervor, von dem jede junge Frau träumt, es eines Tages in den Händen des Mannes zu sehen, den sie liebt. Paul öffnete es. Eingebettet auf einem Untergrund aus Samt lag ein Ring mit einem funkelnden Edelstein. Paul ergriff meine Hand und fragte: „Darf ich ihn dir anstecken?"

Sprachlos starrte ich ihn an. Paul behauptet heute, meine erste Reaktion sei unbändige Freude gewesen, die sich aber urplötzlich in schieres Entsetzen verwandelt habe. Ich fing an zu weinen. „Aber ... meine Eltern … sie wissen doch gar nichts davon!", stotterte ich.

In so mancher Hinsicht war ich ziemlich altmodisch und hielt eisern an den Traditionen unserer Familie fest. Meine Eltern mochten

Paul sehr gern, aber würden sie ihn auch als zukünftigen Schwiegersohn akzeptieren? Wenn sie erst von Pauls Vergangenheit wüssten – wäre er ihnen dann immer noch willkommen? Und außerdem – so lange kannten wir uns ja überhaupt noch nicht… Es kam alles so plötzlich!

Paul versuchte beides: mich zu beruhigen und zu überzeugen.

„Mach dir keine Sorgen, Margie. Es wird alles gut werden! Deine Eltern mögen mich. Und mit deinem Vater habe ich mich von Anfang an prima verstanden."

Wie sich herausstellte, war der Ring viel zu groß für mich. Paul streifte ihn sich selbst über einen Finger und wir lachten, als er ihm an seiner Hand herumschlenkerte.

„Wenn wir zurückkommen, werde ich zu deinen Eltern gehen und sie um deine Hand bitten."

Zärtlich legte er die Finger unter mein Kinn und hob es zu sich hoch. „Beruhigt dich das?"

Ich lehnte mich an ihn. Wie ein großer zärtlicher Teddybär war er.

„Ich liebe dich, Paul, das weißt du. Aber ich

möchte tatsächlich, dass du meinen Vater fragst. Ich glaube, ich bin hoffnungslos altmodisch und sentimental …"

Ich legte den Ring zurück in das Kästchen und steckte es in meine Handtasche. Dann machten wir uns auf den Weg zum Jugendzentrum in der Nähe von Kingston. Während der Fahrt konnte ich einfach nicht widerstehen – wieder und wieder holte ich das Kästchen aus der Handtasche, nahm den Ring heraus, betrachtete ihn bewundernd von allen Seiten und steckte ihn wieder weg. Und wir sprachen darüber, welche Schwierigkeiten es möglicherweise geben würde. Wie würden wir damit fertigwerden? Keiner von uns beiden kam aus einer wohlhabenden Familie. Das heißt, unseren Lebensunterhalt müssten wir selbst verdienen. Das Geld – wir waren uns darüber ziemlich im Klaren – würde vorn und hinten nicht reichen.

Es war ein wunderschöner Herbsttag. Die Blätter der Ahornbäume färbten sich bereits golden. Der Gerberstrauch zeigte das schönste Rot, das ich je gesehen hatte. Wir bewunderten die herrliche Farbenpracht und ich erzählte Paul, dass ich den Herbst von allen Jahreszeiten am liebsten mochte.

In Kingston sollten wir noch ein paar Leute treffen und mit ihnen zu Mittag essen, bevor wir gemeinsam die restlichen dreißig Kilometer bis nach Echo Lake fahren würden. Wir waren früh dran, und aus einem plötzlichen Impuls heraus bat ich Paul: „Komm, wir machen einen Spaziergang am Strand."

Schon geraume Zeit hatten wir die vorbeifahrenden Schiffe beobachtet; der Strand sah richtig einladend aus. Wir sprangen aus dem Auto, schleuderten unsere Schuhe und Strümpfe von den Füßen und rannten übermütig zum Wasser hinunter, den warmen Sand zwischen unseren Zehen spürend.

Wir beobachteten die Möwen, die mit ihren scharfen Schnäbeln kleine Fische fingen. Majestätisch glitten sie dahin und unwillkürlich musste ich denken: „Frei wie ein Vogel in der Luft."

Die Sonnenstrahlen tanzten auf dem Wasser, ließen es glitzern und funkeln. Es war atemberaubend schön.

„Wie könnte ich es deinem Vater am besten beibringen?“, fragte Paul, nun doch ein bisschen ängstlich.

„Wir hatten in der letzten Zeit schon einige Hochzeiten in der Familie“, entgegnete ich. „Meine Schwester und mein Bruder haben geheiratet. Meine Eltern werden also kaum begeistert sein, noch eine Hochzeit ausrichten zu müssen, auch wenn das erst im nächsten Sommer sein sollte.“

„Wie wäre es Ende Juni oder Anfang Juli?“, erkundigte sich Paul.

Wir hatten uns bei den Händen gefasst; die Wellen rollten an den Strand und umspülten unsere Füße. Schließlich blickte Paul auf seine Uhr. Kein Zweifel – wir mussten zum Auto zurückgehen.

Die Wellen hatten den Weg, den wir gegangen waren, überspült und wir konnten auf unserem Rückweg nur eine unserer Fußspuren erkennen. Etwas wie Angst stieg in mir hoch. „Vielleicht ist es mit uns ja auch so wie mit diesen Fußspuren – vielleicht werden unsere Träume ebenso weggewischt …“

„Nein, nein!“, protestierte Paul. „Mir kommt

da ein ganz anderer Gedanke! Denk doch nur an unsere Zukunft. Wenn wir heiraten, werden wir beide eins werden. Wie ich mich darauf freue, mit dir gemeinsam durch das Leben zu gehen! Siehst du hier unsere Fußspuren? Sie sind immer noch zu erkennen. Wo sie weggespült wurden, ist das Wasser bewegt und unruhig. Darin sehe ich ein Bild für unsere Ehe: Auch da kann es mal schwierig werden."

Ich war immer noch beunruhigt. „Werden wir denn wirklich mit den Stürmen fertigwerden können?"

Paul blieb stehen und sah mir in die Augen. „Das werden wir!", versprach er. „Wenn wir uns so lieben, dass wir bereit sind, um den anderen zu kämpfen, werden wir es schaffen. Ich habe genug mitgemacht, Margie. Ich weiß, was Kampf bedeutet. Aber dieser Kampf – ich weiß es genau – ist es wert, gekämpft zu werden."

„Und was ist, wenn es Schwierigkeiten gibt, mit denen wir einfach nicht fertigwerden?" Ich blieb stehen und zeigte auf den Weg. „Paul, sieh doch nur! Hier ist jetzt nur noch eine einzige Fußspur zu sehen."

Paul seufzte leicht und schwieg einen Moment. Der Druck seiner Hand verstärkte sich beruhigend, als er sagte: „Margie, wenn es mal ganz schwierig wird und wir nicht mehr ein noch aus wissen, dann wird uns Gott tragen, wenn wir ihm vertrauen."

Das war ein so schöner Gedanke, dass mir der Atem stockte. Ich weiß es noch heute, wie ich sagte: „Oh … das ist schön!"

Wie hätte ich einen solchen Mann gehen lassen können? Und doch fordert Liebe eine ganze Menge Mut. Konnte ich ihn wirklich bedingungslos und mit meinem ganzen Herzen lieben, ohne jede Einschränkung?

Plötzlich hob Paul mich hoch, schwenkte mich durch die Luft und rief übermütig: „So etwa!"

Ich wehrte mich, schrie: „Ich sehe dich überhaupt nicht mehr!"

Wir waren jung und verliebt, aber auch ernst und nachdenklich, und es war ein herrlicher Ausflug. Paul hörte mich so gern lachen und war glücklich, wenn er ein Lächeln auf mein Gesicht zaubern konnte, wusste er doch, dass es mir seit dem Unfall mit dem Blitzschlag nicht gerade leichtfiel. Noch immer war ich nicht ganz gesund und musste noch Medikamente einnehmen. Die Erholung an diesem Wochenende brauchte ich wirklich dringend. Paul hielt mich immer noch in seinen Armen, achtete überhaupt nicht auf mein abwehrendes Gestrampel.

„Hier bin ich doch!“, lachte er. „Ich halte dich ganz fest! Dir kann nichts passieren!“

Es waren nur kurze Momente – aber die Erinnerung an diesen Spaziergang am Meer hat sich unauslöschlich in mein Gedächtnis eingegraben. Ich weiß noch, wie Paul mich vorsichtig wieder auf den Boden stellte, wie er mich zärtlich küsste. Ich sehe es noch vor mir, wie wir anschließend weitergingen, eng aneinandergeschmiegt, den Blick auf unsere Fußspuren gerichtet, von denen manchmal nur noch eine zu sehen war.

Wir kehrten zu dem Gasthaus zurück, wo wir die anderen treffen sollten. Während wir im Restaurant auf sie warteten, griff ich nach einer Papierserviette und begann ein paar Worte darauf zu kritzeln.

„Was schreibst du denn da?“, fragte Paul neugierig. Dabei wusste er doch schon, was ich da trieb. Er hatte sich inzwischen schon daran gewöhnt, dass ich – wo ich ging und stand – nach etwas zum Schreiben Ausschau hielt. In meinem Kopf schienen sich ständig irgendwelche Verse und Reime zu formen.

„O nur ein neues Gedicht!" Ich lächelte Paul zu. „Über unsere Fußspuren am Strand."

Über den Tisch hinweg nahm er meine Hand. Paul war von meinen Gedichten begeistert und bewunderte mich grenzenlos. Er konnte großartig ermutigen.

Nach dem Essen kletterten wir alle wieder in die Autos. In Echo Lake richteten wir uns schließlich in den Hütten ein, packten unsere Habseligkeiten aus und machten uns für die Nacht fertig. Die Mädchen in meiner Hütte waren unglaublich ausgelassen. Aber irgendwie konnte ich diesmal nicht so richtig mitmachen. Ich war froh, als endlich alle schliefen. Nur ich selbst konnte an diesem Abend nicht so schnell einschlafen.

Ich dachte an den Diamantring in dem Kästchen. Hatte sich meine Beziehung zu Paul nicht zu schnell entwickelt? Wir kannten uns doch erst seit sechs Wochen! Was würden meine Eltern dazu sagen? Lange dachte ich über unser Gespräch am Strand nach. Und dann griff ich entschlossen zu meinem Notizbuch, dem Kugelschreiber und der Taschenlampe. Die Worte, die mir den ganzen Nachmittag im Kopf herumgegangen waren, nahmen auf einmal Gestalt an.

Ich sah mich am Meer entlanggehen, neben mir ging Jesus. Unsere Fußabdrücke hinterließen Spuren im Sand. Am Himmel erschienen – wie Blitze – Bilder aus meinem Leben und bei jedem dieser Bilder sah ich zwei Fußspuren – meine eigene und die Fußspur Jesu. Beim letzten Bild blickte ich zurück und entdeckte, dass da nur noch eine Spur zu sehen war. Aber genau dieses Bild erinnerte mich an die schwerste Zeit meines Lebens. Wo nur war der Herr geblieben – damals, als ich ihn am meisten gebraucht hatte?

Die Worte sprudelten nur so aus mir heraus:

„Herr, als ich anfing, dir nachzufolgen,
da hast du mir versprochen,

auf allen Wegen bei mir zu sein.
Aber jetzt entdecke ich,
dass in den schwersten Zeiten meines Lebens
nur eine Spur im Sand zu sehen ist.
Warum hast du mich alleingelassen,
als ich dich am meisten brauchte?“

Und was hat mir der Herr auf meine Frage geantwortet?

Da antwortete er: „Mein liebes Kind,
ich liebe dich und werde dich nie alleinlassen,
erst recht nicht in Nöten und Schwierigkeiten.
Dort, wo du nur eine Spur gesehen hast,
da habe ich dich getragen.“

Plötzlich merkte ich, dass ich in freien Versen schrieb. Etwas für mich ganz und gar Ungewöhnliches. Normalerweise plagte ich mich mit Reimen, versuchte mich in Poesie.

Ich sah auf meine Uhr. Drei Uhr morgens! Auf einmal zitterte ich vor Kälte. Vielleicht sollte ich doch noch ein wenig schlafen, sagte ich mir. Sonst würde es mir am nächsten Tag bestimmt schlecht gehen. Kurz vor dem Einschlafen dachte ich noch: „Jetzt habe ich das geschrieben, und ich weiß noch nicht einmal einen Titel …"

War das Ganze vielleicht nur ein Traum gewesen? Als ich am Morgen erwachte, griff ich sofort nach dem Notizbuch und las, was ich in der Nacht geschrieben hatte. Und auf einmal wusste ich es: Ich würde beginnen: „Eines Nachts hatte ich einen Traum … "

Und so ist das Gedicht entstanden, das viele Jahre später jene Krankenschwester meinem Mann am Krankenbett vorlesen sollte. Für uns beide – für Paul und mich – wird daran immer die Erinnerung an einen wunderbaren Spaziergang am Meer geknüpft sein.

„Ich hatte einen Traum …“

„Denn Gott hat uns versprochen:
Niemals werde ich euch verlassen.
Ich werde für euch sorgen,
dass es euch an nichts fehlt!“
HEBRÄER 13,5

Das Wetter war traumhaft schön an jenem denkwürdigen Wochenende. Die Eichhörnchen wagten sich auf der Suche nach Futter zutraulich bis vor unsere Füße und flitzten, die Backen vollgestopft mit Nüssen, wieder die Baumstämme hinauf, wo sie sich für den Winter ihren Vorrat anlegten. Wir freuten uns daran, die possierlichen Tierchen zu beobachten. Die Sonne schien, das Herbstlaub leuchtete in den kräftigsten Farben – all die Schönheit nahm uns fast den Atem.

Am nächsten Morgen sollte ich bei der Veranstaltung Klavier spielen. Paul hielt einen Vortrag mit dem Thema: „Warum ich das Vaterunser nicht beten kann.“ Nahezu hundert junge Leute aus der ganzen Provinz Ontario waren da – Schüler von der Highschool, Studenten, aber auch Lehrlinge. Paul berichtete, wie er während seiner Zeit bei „Jugend für Christus“ einmal Geld „entliehen“ hatte, ohne irgendjemandem etwas davon zu sagen, und wie er danach einfach nicht mehr beten konnte. Gott schien unendlich weit entfernt. Paul bekannte freimütig, wie mies er sich gefühlt hatte, als ihm klar geworden war, wie er vor Gott und den Menschen, die ihm vertrauten, versagt hatte.

Alle hörten gebannt zu.

„Ich konnte einfach nicht mehr sagen: Unser Vater im Himmel ...“, bekannte Paul. Dann erzählte er von seinem Vater, von den Schlägen und Misshandlungen, die er erlitten hatte, und wie er schließlich dennoch gelernt hatte, seinen Vater zu lieben und ihm zu vergeben.

Während Paul redete, wurde mir klar, dass Gott die schlimmen Erfahrungen aus Pauls Leben benutzte, um seinen Zuhörern das Erbarmen und die Liebe Gottes deutlich zu machen.

Am Nachmittag zeigte ich Paul mein Gedicht und sagte:

„Gott hat mir Ruhe geschenkt. Mein Vater wird dich bestimmt nicht abweisen, wenn du ihm sagst, dass wir heiraten wollen. Unsere Gespräche gestern am Strand und das, was ich hier geschrieben habe, haben mir Mut gemacht. Ich weiß es jetzt: Gott hat uns gestern wirklich etwas ganz Besonderes geschenkt – fast könnte man sagen: eine Vision. Gottes Versprechen, immer bei uns zu sein, ist ein sicheres Fundament, auf dem wir unsere Ehe aufbauen können."

Paul las das Gedicht und er bat mich, es bei der Abendveranstaltung vortragen zu dürfen. In seinem Vortrag sprach er darüber, dass Gott immer für uns da ist, dass er zu jeder Zeit für uns sorgt und sich um uns kümmert, auch wenn wir ihn nicht sehen, dass er uns durch alles Leid hindurchträgt. Im Saal hätte man eine Stecknadel fallen hören können, so angespannt lauschten seine jungen Zuhörer.

„Margie und ich waren gestern am Strand", erzählte Paul. „Wir sprachen darüber, dass wir bald heiraten wollen. Wir waren vergnügt und alberten ein bisschen herum. Ich hob sie hoch und hielt sie fest. Margie zappelte in meinem Arm, aber sie wusste, dass ich stärker und mein Griff fest war." Paul wurde jetzt sehr persönlich.

„Das ist ein Beispiel für uns alle. Wir können Jesus zwar nicht sehen, aber er sagt uns, dass er für uns gestorben ist, als wir noch Sünder waren. Das hat er wirklich für uns getan! Ihr könnt ihn nicht sehen, aber ihr dürft sicher sein: Er ist hier! Es hat schon oft Zeiten gegeben, wo es vollkommen dunkel um mich war und ich seine Nähe nicht gespürt habe. Da habe ich wild um mich geschlagen und gedacht, dass mich Jesus unmöglich lieben kann. Aber immer war er da und hat mich getragen. Und das will er auch bei euch tun!"

Dann las Paul das Gedicht vor. – Später hörten wir, dass viele der jungen Leute sich an diesem Abend dazu entschlossen hatten, Christus ihr Leben anzuvertrauen, und einen Anfang mit ihm gemacht hatten.

Am nächsten Morgen baten uns einige Teilnehmer um eine Abschrift von „Ich hatte einen Traum". Auch Lloyd Smith – „Smitty" –, ein guter Freund Pauls und begabter Musiker, erhielt eine Abschrift. Er wollte das Gedicht vertonen und es uns zur Hochzeit schenken. Kurze Zeit später hatte er bei einem Missionseinsatz einen Unfall, bei dem er tödlich verletzt wurde – so konnte er uns sein Geschenk nicht mehr überreichen.

Dann mussten alle abreisen. Wir machten in Frankford Station, wo Paul mich seinen „Pflegeeltern“ vorstellte, Herrn und Frau Adams – das ältere Ehepaar, bei dem er gewohnt hatte, als er Christ geworden war. Sie beteten mit uns und baten Gott um seinen Segen für unser gemeinsames Leben.

Auf der Rückfahrt lachten und sangen wir und hatten viel Spaß. Aber nach einigen Stunden Autofahrt wurden wir müde. Deshalb drehten wir das Radio auf volle Lautstärke und öffneten die Wagenfenster. Wir waren nicht mehr weit von meinem Elternhaus entfernt, als Paul das Auto an den Straßenrand lenkte und den Motor abstellte. Wir falteten die Hände und beteten. Uns war ziemlich mulmig zumute und wir fragten uns bang, wie mein Vater es wohl aufnehmen würde, wenn Paul ihn um die Erlaubnis bat, mich heiraten zu dürfen. Bis zu diesem Tag hatten wir uns ja tatsächlich erst zweimal richtig verabredet! Selbst ich konnte die Frage nicht ganz beiseiteschieben: Kennen wir uns eigentlich schon genug? An diesem Wochenende hatte ich sehr viel über Paul erfahren. Und ich wusste nun, dass wir sehr verschieden waren. Konnte das gut gehen? Und überhaupt! Wenn ich bloß daran dachte, in welch verschiedenen Welten wir beide aufgewachsen waren …

Zu Hause empfing uns ein anheimelndes Kaminfeuer. Meine Eltern waren ganz begierig darauf, alles über das Wochenende zu erfahren. Schließlich flüsterte ich meiner Mutter zu, ich würde gern mit ihr allein sprechen. So sah sich Paul auf einmal in der Küche meinem Vater allein gegenüber. Es gelang ihm nur schlecht, seine Nervosität zu verbergen. Später beschrieb Paul diese Begegnung folgendermaßen:

„Margies Vater war ein großer, auf den ersten Blick ungeschlacht wirkender Mann, ein richtiger deutscher Bauer. Er saß da, die Daumen in die Träger seines Overalls gehakt und musterte mich von oben bis unten – wie einen Stier, den man kaufen will.“

Mein Vater hat einen einzigartigen Sinn für Humor und ich bin sicher, dass er zu dem Zeitpunkt bereits ahnte, woher der Wind wehte. Aber noch ließ er Paul ein wenig zappeln.

„Sie wollten etwas mit mir besprechen?“, fragte er.

„Ja.“

„Nun … hatten Sie einen Unfall?“

„Nein.“

„Worüber wollen Sie dann mit mir sprechen?“

„Über Margie.“

„Ist mit Margie irgendetwas nicht in Ordnung?“

„Nein, doch … ich meine …“

„Also noch mal: Worüber wollen Sie mit mir reden?“

Paul holte tief Luft und sagte: „Also! Was ich fragen will: Darf ich Sie um die Hand Ihrer Tochter bitten?“

Ein merkwürdiges Schweigen folgte diesen Worten. Paul erschien es wie eine Ewigkeit. Endlich ließ sich mein Vater herbei zu sagen: „Nur um ihre Hand wollen Sie mich bitten? Den Rest mögen Sie nicht?“ Und dabei grinste er von einem Ohr zum anderen.

„O doch“, beeilte sich Paul zu versichern und lachte jetzt auch. „Ich liebe alles an ihr.“

Aber mein Vater wollte ganz sichergehen, dass der Mann, der seine Tochter heiraten wollte, sie auch wirklich liebte. „Sehen Sie, sie ist mein kleines Mädchen", erklärte er, „und ich habe all die Jahre treu für sie gesorgt. Werden Sie das auch tun, junger Mann? Sie müssen sie in guten wie in schlechten Zeiten lieb haben, ja sie sogar mehr lieben als sich selbst."

Paul reagierte in vorbildlicher Weise! Sowohl darauf, dass mein Vater ihn hatte zappeln lassen wie auf die etwas sentimentalen Äußerungen am Schluss. Er versicherte: „Herr Fishback, ich werde Margie immer lieben und sie ehren. Ich will alles tun, damit sie glücklich wird. Aber ich bin Realist. Und so weiß ich auch, es wird Zeiten geben, in denen sie unglücklich ist oder verletzt. Dann werde ich da sein und sie trösten. Ich will Margie nicht von Ihrer Familie trennen, aber ich möchte, dass sie meine Frau wird. Was halten Sie von der Lösung, dass ich von nun an auch zu Ihrer Familie gehöre?"

Und da war mein Vater vom Stuhl aufgestanden, hatte Paul seine großen schwieligen Hände auf die Schultern gelegt und ihn herzhaft umarmt. „Komm her, mein Sohn, willkommen in unserer Familie!“ Paul hatte danach vorsichtig alle seine Knochen abgetastet.

Und so fanden meine Mutter und ich die beiden, als wir wieder hereinkamen. Es hat noch eine Menge Umarmungen und Küsse gegeben an jenem Abend in unserer altmodischen Küche. Schließlich hatten wir uns alle an den großen Tisch gesetzt, und ich hatte das neue Gedicht vorgelesen, hatte von unserem Spaziergang am Meer berichtet und wie das Gedicht entstanden war. Meine Eltern waren tief beeindruckt.

Ich berichtete ihnen, wie ich bis in die frühen Morgenstunden hinein das Gedicht geschrieben hatte und dass es mir vorgekommen war, als habe Gott meine Hand geführt.

„Gott hat mir zwei Verse aus der Bibel gezeigt“, erzählte ich dann. „Ich lese sie euch jetzt vor.“ Und dann las ich Jesaja 63,9 und Hebräer 13,5.

„Nicht ein Engel und nicht ein Bote, sondern sein Angesicht half ihnen. Er erlöste sie, weil er sie liebte und Erbarmen mit ihnen hatte. Er nahm sie auf und trug sie allezeit von alters her." – „Seid nicht hinter dem Geld her, sondern zufrieden mit dem, was ihr habt. Denn Gott hat uns versprochen: Niemals werde ich euch verlassen. Ich werde für euch sorgen, dass es euch an nichts fehlt!"

Ja, und dann segnete uns mein Vater.

In den folgenden Monaten schmiedeten Paul und ich eifrig Hochzeitspläne. Bis zu unserem Hochzeitsdatum, dem 10. Juli 1965, sollten wir uns nur noch zwei Mal sehen.

Ein neues Leben

„Es ist ein neues Leben –
er hat mich verändert.
Ein neues Leben – er hat alles gut gemacht.
Ein neues Leben – reicher und schöner,
ein wunderbares, herrliches Leben …“

An jenem Wochenende schrieb ich dieses Lied, das von dem neuen Leben handelt, das Christus schenkt – tiefer und weiter, größer und reicher als das alte. Paul und ich ahnten damals nicht, welche Bedeutung dieses Lied in unserer Ehe haben sollte. Aber im Laufe der Jahre mussten wir wieder und wieder erkennen, wie zerbrechlich das Leben ist und wie sehr wir auf Gottes Hilfe angewiesen sind.

Unsere Hochzeitsreise ging nach Kingston. Noch einmal gingen wir dort „unseren“ Weg am Meer entlang – nun in der Gewissheit, dass wir beide zueinander gehörten.

Schließlich mussten wir wieder zurück nach Toronto. Paul betreute noch immer den Filmverleih in der christlichen Buchhandlung. Ich unterrichtete in einer Schule im Yorkville-Distrikt, damals noch eine ziemlich raue Gegend im Zentrum Torontos. An den Wochenenden hatten wir meist Vorführungen für Jugendgruppen. Pauls Magic Show, die biblische Geschichten zum Inhalt hatte, war eine Riesenattraktion. Wir waren sehr beschäftigt.

Fast vom Anfang unserer Ehe an hatte Paul ernsthafte gesundheitliche Probleme. Nachdem seine Mutter gestorben war, hatte er rheumatisches Fieber bekommen. Von dieser Krankheit hatte er ein geschwächtes Herz zurückbehalten. Es fiel mir manchmal gar nicht so leicht, für diese Schwäche immer die nötige Geduld aufzubringen.

Im November, vier Monate nach unserer Hochzeit, rief ich meine Mutter an. Ich hatte ein Problem. „Jedes Mal, wenn ich etwas koche, wird es Paul schlecht. Dabei habe ich extra einen Kochkurs gemacht – und ihm wird übel“, beschwerte ich mich.

„Was tust du an die Gerichte?“, wollte meine Mutter wissen.

„Ziemlich viele Gewürze“, antwortete ich. „Wir haben doch dieses riesige Gewürzregal zur Hochzeit bekommen und ich will die Gewürze nehmen. Sie schmecken köstlich!“

„Sie sind aber nicht so köstlich, wenn deinem Mann davon schlecht wird!“, wandte meine Mutter energisch ein. „Du wirst dich entscheiden müssen – entweder du kochst für dich mit Gewürzen und für Paul ohne oder du kochst gleich so, dass dein Mann es überleben kann und sich gut fühlt und ihr euch wieder aneinander freuen könnt. Die Entscheidung liegt bei dir, mein Kind – so oder so!“ Mit diesen Worten legte meine Mutter auf.

Irgendwie schien sich alles gegen mich verschworen zu haben. In meiner Vorstellung gehörte zu einer guten Ehefrau, dass sie vernünftig kochen kann. Dies und dass beide Ehepartner gute Freunde waren, gehörte meiner Meinung nach einfach zu einer harmonischen Ehe. Ich backte einen Kuchen – er misslang. Bei den folgenden Versuchen erging es mir nicht viel besser. Mich packte die Verzweiflung. Nachdem jeder Kuchen, den ich gebacken hatte, am Schluss wie Wackelpudding aussah, ließ sich Paul herbei, nach dem Backofen zu schauen – und siehe da, der funktionierte nicht richtig! Ich gab Paul die Schuld für die ganze Misere! Hätte er nicht schon früher auf die Idee kommen können, dass mit dem Herd etwas nicht stimmt?!

Einmal bekam Paul eine schmerzhafte Ohrenentzündung. Es wurde so schlimm, dass er im Fieber fantasierte und mein Bruder Jim bei ihm blieb, wenn ich arbeiten musste. Als ich von der Schule nach Hause kam, fand ich die Nachricht vor, man habe Paul ins Krankenhaus gebracht. Gerade wollte ich mich dahin auf den Weg machen, da kam Jim mit Paul zurück. Es war offensichtlich, dass Paul Fieber hatte.

„Um zwölf oder ein Uhr in der Nacht musst du nach ihm sehen", teilte mir mein Bruder mit. „Und achte darauf, dass er regelmäßig seine Tabletten nimmt."

Gewissenhaft verabreichte ich Paul seine Medikamente, flößte ihm Tee und Saft ein und saß tröstend an seinem Bett. Am nächsten Morgen erschien mein Bruder und erklärte: „Pass auf, Margie, ich zeige dir jetzt, wie du den Verband wechseln musst."

Ich wollte nicht. Wusste ich doch, wie schlimm Pauls Ohr aussah, und ich ekelte mich davor.

„Er ist doch dein Mann!“, belehrte mich Jim.

Ich lernte es, den Verband zu wechseln, aber dass ich es besonders gern tat, kann ich nicht behaupten!

In jenem ersten Jahr unserer Ehe gingen wir Weihnachten nicht zu meinen Eltern. Nicht zuletzt deswegen, weil ich das Gefühl hatte, ich müsste mich erst selbst in den Griff bekommen. Beschämt gestand ich mir ein, dass ich mich in unserer Ehe als regelrechter Versager entpuppt hatte. Wichtig waren mir mein Haushalt, eine blitzblanke, pingelig saubere Wohnung. Die Beziehung zu meinem Ehemann kam erst in zweiter Linie. Gott sei Dank kam ich bald zur Besinnung und widmete mich wieder Paul und den Aufgaben, die Gott uns anvertraut hatte.

In die Arbeit mit Kindern gerieten wir eher zufällig – so schien es uns zumindest. Wobei wir natürlich wussten, dass Gott nichts dem Zufall überlässt. Paul war eingeladen worden, eine

Woche an jedem Abend in einer Kirchengemeinde in Timmins zu sprechen, einer Stadt 650 Kilometer nördlich von Toronto. Als er am ersten Abend den Saal betrat, glaubte er seinen Augen nicht trauen zu können. Nichts als Kinder saßen dort! Dabei hatte man ihm gesagt, er würde zu Teenagern sprechen. Folgendes war passiert: Auf den Handzetteln, mit denen für die Vorträge geworben worden war, hatte sich ein Druckfehler eingeschlichen. Anstelle von „Von 15 bis 21“ stand dort: „Von 5 bis 12“!

Und es wurde eine wunderbare Woche. Paul führte Zaubertricks vor, arbeitete mit einem Seil, Taschentüchern und anderen Utensilien …

Ich war nicht mitgefahren, aber Paul hatte mich schon am ersten Abend angerufen und mir alles berichtet. Wie dankbar habe ich damals gebetet. Zwei Freundinnen beteten mit mir für Paul. Als er nach Ablauf der Woche nach Hause kam und freudestrahlend davon berichtete, was Gott an den Kindern getan hatte, war ich nicht sehr überrascht. Gott erhört tatsächlich Gebete!

„Paul, ich glaube, du wärest hervorragend für Kinderarbeit geeignet!“, meinte ich in diesem Zusammenhang. Anfangs fand er das gar nicht. Aber schon bald meinte auch er, dass Gott ihm die Begabung geschenkt hatte, mit Kindern umzugehen. In den kommenden Monaten, als Paul mehr und mehr in die neue Arbeit hineinwuchs, bekam er den Eindruck, dass Gott ihn in eine Generation hineingestellt hatte, die verzweifelt einsam war und nach Wegen suchte, aus ihrer Isolation herauszukommen. Oft handelte es sich um sogenannte Schlüsselkinder mit berufstätigen Vätern und Müttern – wenn sie überhaupt das Glück hatten, noch mit beiden Elternteilen zusammenzuleben. Sie wussten, was Alleingelassensein bedeutet.

Paul und ich stellten uns gemeinsam diesen Problemen, die so offensichtlich vor uns lagen. Wir würden ein gutes Team abgeben, weil ich als Lehrerin ohnehin gern mit jüngeren Kindern arbeitete.

Etwa ein dreiviertel Jahr später schien es an der Zeit, dass Paul mit der Arbeit in der Buchhandlung aufhörte. Er wollte sich mit dem Filmverleih selbstständig machen. Und so wurde er der neue Repräsentant für Gospel Film in Toronto. Doch nicht nur das, er übernahm auch die Vertretung für fast alle anderen großen Studios, die zu der Zeit christliche Filme produzierten. Er war jetzt häufig auf Reisen und arbeitete mit dem bekannten Country- und Westernsänger Red Harper zusammen.

Anfangs versuchte ich noch, meine volle Stelle als Lehrerin zu behalten, und reiste mit Paul, wann immer es möglich war. Quer durch das Land führten wir unsere Veranstaltungen für Kinder durch. Dann kam die Anfrage, ob Paul von Januar bis März in säkularen Magic-Shows auftreten würde, und zwar in einigen der größten Vergnügungsparks der Vereinigten Staaten.

Im Sommer, als ich Ferien hatte und der Filmverleih uns nicht so stark beanspruchte, widmeten wir uns mehr der Arbeit in Kirchengemeinden, bei Freizeiten und Kurzbibelschulen in Toronto und der näheren Umgebung.

Doch unser prall gefüllter Terminkalender forderte seinen Preis. Ich musste eine Entscheidung treffen: Sollte ich weiter meinen Beruf ausüben, oder wäre es besser, damit aufzuhören und Paul auf seinen Reisen zu begleiten?

Brief eines Freundes

„Ich schreibe Dir, weil ich Dir sagen möchte,
wie sehr Du mir am Herzen liegst
und wie sehr ich mir wünsche,
dass Du mich noch besser kennenlernst …"

Vor die Wahl gestellt, weiter als Lehrerin zu arbeiten oder meinen Mann auf seinen Reisen zu begleiten, entschied ich mich für meinen Mann. Es geschah auf einer unserer Fahrten im Juli des Jahres 1966, als Gott in sehr dramatischer Weise meine Aufmerksamkeit auf ihn lenkte; um genau zu sein, war es an einer Grenzschranke in Pennsylvanien.

Wir waren gerade auf dem Rückweg vom Urlaub und von einer Medienkonferenz, als wir von einem Tornado überrascht wurden. Der Wirbelsturm riss alles mit sich. Starr vor Entsetzen mussten wir mit ansehen, wie ein Kleinbus, in dem eine Gruppe Nonnen saß, von der Gewalt des Wirbelsturmes über den Straßenrand in die Tiefe gerissen wurde. Nichts und niemand konnte den Wagen aufhalten. Obwohl wir später den Unfall zu Protokoll gaben, haben wir nie etwas davon gehört, was mit den Nonnen geschehen war. In diesem Moment musste Paul seine ganze Aufmerksamkeit und Kraft darauf verwenden, unseren Wagen auf der Straße zu halten. Nach entsetzlichen Minuten fanden wir schließlich Schutz unter einer Brücke.

Am nächsten Tag – wir standen noch immer unter dem Schock, dem Tod so knapp entronnen zu sein – setzte ich mich hin, schrieb diesen „Brief".

Brief eines Freundes

Ich schreibe Dir, weil ich Dir sagen möchte,
wie sehr Du mir am Herzen liegst
und wie sehr ich mir wünsche,
dass Du mich noch besser kennenlernst.
Als Du heute Morgen die Augen aufschlugst,
habe ich für Dich einen strahlenden Sonnen-
aufgang am Himmel erscheinen lassen.
Du hast ihn gar nicht bemerkt.
Später bist Du mit Freunden spazieren
gegangen,

hast Dich mit ihnen unterhalten.
Warmer, wohliger Sonnenschein hat Dich eingehüllt.
Mit süßen Düften habe ich die Luft erfüllt.
Doch Du bist einfach weitergelaufen,
hast mich überhaupt nicht bemerkt.
Laut, unüberhörbar habe ich durch den Wirbelsturm zu Dir gerufen,
habe einen glänzenden Regenbogen an den Himmel gemalt – nur für Dich.
Und Du hast tatsächlich ganz kurz hingesehen.
Aber dann bist du weitergehastet.
Am Abend umhüllte sanftes Mondlicht Dein Gesicht.
Eine kühle Brise erfrischte Dich,
nahm Dir die Angst.
Ich wachte über Dir,
als Du Dich müde zum Schlaf niederlegtest,
war mit Dir in Deinen Gedanken.
Aber hast Du es auch nur geahnt,
dass ich dir so nahe war?
Ich habe Dich erwählt,
habe Dich für eine besondere Aufgabe ausersehen.

Wie sehr habe ich mir gewünscht,
dass Du bald mit mir sprechen würdest.
Ich war es, der Dich vor dem Wirbelsturm
gerettet hat.
Andere haben ihn nicht überlebt.
Ich bleibe Dir nahe – denn ich bin Dein
Freund.
Ich liebe Dich.

Dein Freund Jesus

Ich las Paul das Gedicht vor. Hatte es überhaupt eine Bedeutung für uns beide? Unser Leben bestand aus nichts als aus Hektik und Stress. Mussten wir nicht endlich einmal Atem holen? Mussten wir nicht innehalten und uns fragen, wohin wir in all der Hetze wollten? Sollten wir vielleicht mit allem aufhören?

Wir veränderten nichts in unserem Leben, alles blieb beim Alten. Anfangs waren auch die Winterferien in den Staaten und die weiten Reisen mit Paul durchaus anregend, machten mir Spaß. Ich begleitete Paul den ganzen Winter hindurch bis zum Frühjahr 1968 – der

Zeitpunkt, an dem sich unser erstes Kind ankündigte.

Christina, später Tina genannt, wurde am Victoria Day, einem Nationalfeiertag in Kanada, geboren. Ich fühlte mich nicht sehr wohl und deswegen blieb meine Mutter eine Zeit lang bei uns. Es hatte den Anschein, als hätte ich bei Tinas Geburt so etwas wie eine Unempfindlichkeit gegen Schmerzen entwickelt. Außerdem vertrug ich viele Medikamente nicht – wie bei einem epileptischen Anfall. Mein Herz hörte mehrfach auf zu schlagen. Dann fanden die Ärzte heraus, dass ich als Folge des Blitzschlages vor fünf Jahren eine Entzündung des Rückenmarks davongetragen hatte. Und sie sagten mir, dass ich damit rechnen müsse, deswegen etwa alle sieben Jahre schwere gesundheitliche Probleme zu bekommen. Auf keinen Fall durfte ich mich überanstrengen oder mich übermäßigem Stress aussetzen.

Trotz all dieser Schwierigkeiten bekamen wir ein rundum gesundes Kind. Sobald ich wieder auf den Beinen war, füllte mich das Leben mit dem Baby vollkommen aus, und Paul war ein wunderbarer Vater. Doch schon im nächsten Sommer begleitete ich Paul wieder auf seinen Reisen – diesmal mit einem Kleinkind im Schlepptau.

1970 war es dann, als ich mir endlich ehrlich eingestand, dass unser Leben in die falsche Richtung lief. Paul verdiente gut mit seinen Kindervorstellungen bei den säkularen Shows, aber wir kamen finanziell auf keinen grünen Zweig. Ich hatte den Eindruck, dass es unserer Film-Verleih-Agentur nicht sehr gut bekam, wenn wir sie so lange in den Händen von Studenten zurückließen. Uns blieb einfach nicht die Zeit, uns genügend um unser Geschäft zu Hause zu kümmern. Große Sorgen machte mir, dass Paul in letzter Zeit eine fast zynische Einstellung zur Arbeit in christlichen Werken entwickelt hatte. In mancher Beziehung hatte er sogar recht – manche Kirchengemeinden zahlten nicht pünktlich, und das, was Paul von ihnen schließlich erhielt, kam nicht im Entferntesten an das heran, was er im säkularen Bereich verdiente. Paul war darüber verbittert, wie manche Gemeinden ihre auswärtigen Referenten behandelten.

Im Januar des Jahres 1971 wurde unsere zweite Tochter geboren: Paula.

Die Jahre vergingen so schnell und auch unser Leben schien in der gleichen Geschwindigkeit zu verrinnen. Ich fand mich mit zwei kleinen Kindern zu Hause und war keineswegs erbaut davon, wenn ich Paul in die eine oder andere Stadt begleiten musste. Wir bewohnten ein wunderschönes Haus in Don Mills, einem der vornehmeren Wohnviertel im nördlichen Stadtteil Torontos, besaßen einen Swimmingpool, zwei Autos der neuesten Modelle sowie eine Kreditkarte, von der wir häufig Gebrauch machten. Aber wir hatten alles andere als ein normales Familienleben!

Die Spannung zwischen Paul und mir wuchs. Wir schienen uns immer weiter voneinander zu entfernen.

Es war auf der Rückfahrt von Indiana, als Paula meine Aufmerksamkeit auf sich zog. Sie war damals ungefähr drei Jahre alt. Wir liefen durch die Flughafenhalle, als sie sich ungerührt zwischen all den Menschen auf den Boden setzte und sich nicht mehr von der Stelle rührte. Paula war ein zartes kleines Mädchen, oft krank. Paul hob das Kind auf seine Schultern und so liefen wir weiter. Flüchtig fiel mir unser Spaziergang ein – damals am Meer –, und ich dachte an die Fußspuren im Sand. Ich wusste es genau, war mir dessen ganz gewiss, dass Gott uns noch immer trug. Aber waren wir noch in seiner Spur?

Es war, als hörte ich Gott zu mir sprechen:

„Du bist einfach weitergelaufen … Dabei wünsche ich mir nichts so sehr, als dass du bald mit mir sprichst.“

Versuchungen und Prüfungen

„… erst recht nicht in Nöten
und Schwierigkeiten.
Dort, wo du nur eine Spur gesehen hast,
da habe ich dich getragen.“

Die Entscheidung war gefallen! Kein Herumreisen mehr für die Familie Powers mit Magic Shows kreuz und quer durch die Vergnügungsparks der Vereinigten Staaten! Schon längere Zeit hatte ich nach einer Möglichkeit Ausschau gehalten und auch dafür gebetet, unseren in vielen Bereichen von der Hollywood-Atmosphäre geprägten Lebensstil zu ändern. Viel zu lange hatte er uns gefangen gehalten. Ein hitziges Wortgefecht auf der Stadtautobahn von Los Angeles, auf der wir unser Auto am Freitagabend durch den Berufsverkehr manövrierten, gab dann schließlich den Ausschlag.

Wir waren auf dem Wege zu einem Abendessen bei Freunden, da explodierte plötzlich irgendetwas in meinem Innern.

„Ich verlasse dich und die Kinder nehme ich mit!“, schrie ich.

Paul war sprachlos. Was er nicht wissen konnte: Ich selbst war entsetzt über meinen Ausbruch.

Irgendwie schafften wir es, den Abend mit unseren Freunden zu überstehen. Auf der Rückfahrt konnten wir dann vernünftig über unsere Situation sprechen. Wir liebten uns, hatten zwei reizende kleine Mädchen, wir waren Gottes Kinder und – Gott hatte uns eine wichtige Aufgabe anvertraut!

„Das alles muss doch zuerst kommen“, erinnerte ich Paul behutsam. Gemeinsam befahlen wir uns und unsere Arbeit für die Zukunft Gott an.

Wieder in Toronto, erwartete uns ein Stoß unbezahlter Rechnungen.

„Bitte erledige du das“, bat Paul. „Du weißt ja, ich bin nicht so gut in diesen Dingen.“

Das wusste ich sehr gut, aber welche Schwierigkeiten sich da auftürmten …

In den Sommermonaten begannen wieder unsere Dienste in den verschiedenen Kirchen.

Aber alles war so schwierig, wie wir es niemals zuvor erlebt hatten.

In unserem Filmverleih hatten wir einen starken Rückgang zu verzeichnen, sodass wir uns allen Ernstes fragten, ob wir das Ganze aufgeben sollten. Noch klammerten wir uns an diese Arbeit und hofften auf einen Aufschwung in den Ferien. Aber es wurde Herbst und unsere Hoffnungen hatten sich nicht erfüllt. Weihnachten 1972 befanden wir uns in einer mehr als trostlosen Situation.

Keiner von uns hatte damit gerechnet, dass wir je in solche Schwierigkeiten geraten könnten, als wir Gott versprochen hatten, ihn an die erste Stelle zu setzen und unserem Leben eine andere Richtung zu geben. Hieß Gottes Antwort: Armut!? Ich konnte es einfach nicht glauben.

Also drängte ich Paul, wenigstens einen Teil des Geldes einzufordern, das acht Kirchengemeinden uns noch für unsere Kinderwochen im Herbst schuldeten. Von keiner Gemeinde hatte er bisher das Geld erhalten. Es war eine der demütigendsten Erfahrungen in Pauls Leben, als er mit weniger als vierzig Dollar in der Tasche zurückkehrte.

Niedergeschlagen gab mir Paul das Geld, damit ich wenigstens ein paar Lebensmittel einkaufen konnte.

„Geh sparsam damit um!“, ermahnte er mich. „Es ist das letzte, was wir haben. Ich habe vorhin noch den Wagen für morgen vollgetankt.“

Am nächsten Morgen wollten wir zu meinen Eltern fahren und mit ihnen zusammen das Weihnachtsfest feiern.

Ich schnappte mir die beiden Kleinen und ging mit ihnen einkaufen. Zwei Stunden später kamen wir zurück; glücklich darüber, ein paar Sonderangebote ergattert zu haben. Paul war weniger begeistert. Besonders ärgerte er sich über eine Rolle Goldpapier, die ihm Tina zeigte und mit der wir unsere Geschenke einpacken wollten. Er konnte seinen Zorn nicht länger bezähmen und schrie mich an: „Warum gibst du Geld für solchen Plunder aus!?“

Niedergedrückt saßen wir bei unserer Abendmahlzeit, stocherten lustlos auf unseren Tellern herum. Tina liefen die Tränen über ihr kleines

Gesicht und ihre Augen spiegelten den Schmerz wider, den wir alle empfanden.

Nach dem Essen ging ich mit Paul in sein Arbeitszimmer hinunter, um ein paar Geschenke einzupacken. Tina versuchte zu helfen. Voller Hohn forderte Paul sie auf: „Geh bitte nach oben und hole das teure Goldpapier, für das deine Mutter unser bisschen Geld verplempert hat!"

Wenn ich mich in der Vergangenheit noch niemals auf meinen Platz verwiesen gefühlt hätte, so hatte ich jetzt die Gelegenheit dazu. Tina ließ sich Zeit. Paul stürmte wutentbrannt die Treppe hinauf, ich folgte ihm dicht auf den Fersen. Unsere Tochter saß in einer Ecke des Wohnzimmers, umgeben von einem undurchdringlichen Wust von Goldpapier und drei Scheren. Sie war über und über mit Klebestreifen bedeckt und genauso sah der Teppich aus. Eifrig versuchte sie, etwas in das Geschenkpapier einzuwickeln, was wie ein Schuhkarton aussah.

Pauls Gesicht wurde zornrot. Er packte Tina beim Arm, schleuderte sie durchs Zimmer und schlug einige Male hart auf sie ein. Ihr Schreien machte ihm plötzlich bewusst, was er tat, und er ließ sie los. Tina fiel auf den Boden – ein verzweifelt schluchzendes kleines Mädchen.

Unfähig, etwas zu tun, stand ich da. War das noch mein Mann, der gelobt hatte, Gott zu lieben? Dem kleine Kinder so viel bedeuteten?

Es war ein Rückfall in seine eigene Kindheit, als er von seinem rasenden, betrunkenen Vater verprügelt worden war. Paul bekannte später, dass er den ganzen Abend über nur an eines hatte denken können: „Du bist wie dein Vater … Du bist ein Feigling, der kleine Kinder schlägt … Genau wie dein Vater … Du bist schlecht, schlecht … schlecht!"

Ich brachte Tina ins Bett und versuchte sie – so gut es ging – zu trösten.

Am Weihnachtsmorgen, als wir gerade losfahren wollten, stolperte Paul und wäre beinahe über den Schuhkarton gefallen, den Tina gestern mit Goldpapier umwickelt hatte. Immer noch verärgert, stieß er den Karton aus dem Weg. Aber Tina lief zu ihm hin, hob den Karton auf und brachte ihn zu ihrem Vater.

„Das ist für dich, Vati!", flüsterte sie zaghaft.

Paul nahm den Karton, schüttelte ihn vorsichtig, aber drinnen klapperte nichts. Er war auch ganz leicht. Die Klebestreifen quer über das Geschenkpapier machten das Auspacken schwierig. Wieder kam Zorn in Paul hoch und ungeduldig riss er das Papier auf. Die Schachtel war leer. Unfähig, sich noch länger zu beherrschen, sagte er in beißend scharfem Ton: „Christina! Weißt du nicht, dass man erst etwas in die Schachtel hineintut, ehe man sie in Geschenkpapier einpackt!?"

Das kleine Gesicht tränenüberströmt, verteidigte sie sich: „Aber Papa, ich habe doch etwas hineingetan! Ich habe ganz viele Küsschen hineingedrückt! Und die sind alle für dich!"

Eine leere Schachtel – und doch … Welch ein wundervolles Geschenk! Etwas, das Paul gerade jetzt verzweifelt nötig hatte. Er ließ sich im Flur auf die Knie fallen, nahm Tina in seine Arme und bat sie um Verzeihung. Dann umarmte er Paula und mich und bat auch uns um Vergebung. Paul weinte.

In diesem Moment wurde seine Seele heil. Der Jähzorn war besiegt. Paul rief Gott um Hilfe an und wurde nicht enttäuscht.

Ich weiß, auch ich war nicht unschuldig gewesen. Hatte ich mich doch nicht in der Gewalt gehabt und Paul mit meinen Nörgeleien ständig in den Ohren gelegen.

„Es ist auch meine Schuld, dass alles so gekommen ist", weinte ich. „Aber wir lieben uns – trotz allem! Und ich bin mir ganz sicher, dass Gott uns helfen wird."

Den in Goldpapier eingeschlagenen Schuhkarton haben wir noch heute. Er ist die Erinnerung an eines der schönsten Weihnachtsfeste, die wir je gefeiert haben. Wohl waren es Monate der Prüfungen und Anfechtungen gewesen, aber Gott hatte uns durch alles hindurchgetragen!

Schutzengel

*„Wie kostbar ist deine Güte, o Gott:
Bei dir finden Menschen Schutz
und Sicherheit."*
Psalm 36,8

Unsere beiden Mädchen waren sehr vertraut mit Engeln. Im Winter machte es ihnen riesigen Spaß, sich in den Schnee zu legen, die Arme auszubreiten und hinterher einen Engel mit Flügeln im Schnee zu sehen. Wir haben unseren Kindern schon sehr früh von den Engeln in der Bibel erzählt, die Gott als dienstbare Geister ausgesandt hat, um seine Kinder zu beschützen. In diesem Sommer sollten wir freilich die Bedeutung dieser Engel Gottes ganz real erfahren.

Unsere Tochter Paula war gerade zwei Jahre alt, als wir zu einer Veranstaltung nördlich von Peterborough in der Provinz Ontario fahren mussten. Kurz bevor wir aufbrachen, rief ein Freund an und lud uns ein: „Habt ihr Lust, bei uns vorbeizukommen? Wir könnten im Garten ein Picknick machen."

Es war ein nettes Zusammensein. Wir saßen in dem wunderschönen Garten unseres Freundes, genossen den Blick ins Grüne. Währenddessen kam der Bruder unseres Gastgebers mit seinem Motorrad angefahren. Anstatt es sicher abzustellen, lehnte er es nur an die Hauswand.

Paula kletterte von meinem Schoß herunter und spielte, ohne dass es einer von uns merkte, in der Nähe des Motorrades. Und dann passierte alles sehr schnell. In dem einen Moment lief sie noch lachend herum, im nächsten hörten wir ihre Schreie, als das Motorrad auf sie fiel und sie unter sich begrub.

Entsetzt sprangen alle auf und liefen zu ihr. Die Männer hoben die schwere Maschine von ihrem kleinen Körper. Ganz offensichtlich war das Kind schwer verletzt. Ein spitzer Hebel des Motorrades hatte sich in Paulas Kopf gebohrt. Dort klaffte eine tiefe Wunde. Paula schrie noch immer, als Paul sie auf seine Arme nahm und zum Auto lief. Überall auf dem Weg war Blut.

„O Gott, erhalte uns das Kind!“, schrie es immer und immer wieder in mir. In meiner Panik, doch erstaunlicherweise noch fähig, einen klaren

Gedanken zu fassen, rief ich Paul zu: „Du musst die Hand auf ihren Kopf pressen, damit das Blut gestillt wird!“

Hastig stieg ich ins Auto und Paul legte mir unsere Tochter in die Arme. Ihre kleinen Hände flogen auf und ab und sie zitterte am ganzen Körper. Offenbar hatte sie einen Schock. Ich wischte das Blut von ihrer Hand, steckte ihr den Daumen in den Mund und hielt ihn dort fest, indem ich ihn leicht gegen ihren Gaumen drückte.

Irgendjemand hatte die Unfallstation des Krankenhauses informiert. Das Personal wiederum hatte die Polizei verständigt. Ein Polizeiwagen holte uns ein und mit Blaulicht und Sirene lotsten sie uns durch den Verkehr. In der Ambulanz des Krankenhauses erwartete man uns bereits. Rasch wurde Paula auf den Untersuchungstisch gehoben.

Nach der Untersuchung forderte uns einer der Ärzte auf, näher heranzukommen.

„Schauen Sie hier, Frau Powers“, sagte er und zeigte auf das tiefe Loch, das in Paulas Kopf klaffte. „Es ist ein Wunder, dass sie noch lebt!“

Ein paar Millimeter weiter und der spitze Gegenstand hätte ihr Gehirn durchbohrt … Ich war mir sehr klar darüber, wem wir Paulas Leben verdankten …

Dreizehn Stiche waren nötig, um die Wunde zu nähen, aber dann konnten wir unser Töchterchen wieder mit nach Hause nehmen. Paul und ich waren bis ins Innerste erschüttert. Wie hautnah hatten wir heute Gottes Nähe und seine Rettung erlebt!

Zu Hause angekommen, legte ich Paula in ihr Bettchen. Ich setzte mich in einen Sessel neben ihrem Bett. Unmöglich hätte ich jetzt schlafen können. Ich betete und dankte Gott immer wieder dafür, dass er das Leben unseres geliebten Kindes erhalten hatte. Plötzlich hörte ich Paula leise wimmern. Als ich mich über sie beugte, schlug sie die Augen auf und flüsterte: „Flügel, Mama, Flügel …"

Was hatte das Kind gesagt? Sie seufzte erleichtert auf und wieder hörte ich sie sagen: „Flügel … Flügel."

Ich sank in den Sessel zurück und flüsterte aus tiefstem Herzen: „O Herr, danke, danke für das, was du getan hast!" Dann ging ich ins Schlafzimmer und weckte Paul.

„Paulas Schutzengel sind bei ihr und wachen über sie." Und ich erzählte ihm, was gerade vorgefallen war.

„Ich werde jetzt bei ihr bleiben", entschied mein Mann. „Du brauchst Schlaf. Paula ist auf dem Weg der Besserung, aber ich werde bei ihr wachen."

Ich legte mich in mein Bett und schlief sofort ein. Das Letzte, an das ich mich erinnern konnte, waren Paulas gestammelte Worte: „Flügel, Mama, Flügel …"

Gott hält die Wacht

„Denn Gott hat seine Engel ausgesandt, damit sie dich schützen, wohin du auch gehst.“
PSALM 91,11

Der Unfall mit dem Motorrad blieb nicht unsere einzige Begegnung mit Paulas Schutzengel. Jahre später, im Sommer 1989, als sie auf dem Ausflug in den Wasserfall stürzte, war es wieder ein reines Wunder, dass sie mit dem Leben davonkam. Davon sind wir überzeugt. Die Chancen, einen Sturz aus 20 Metern Höhe zu überleben, sind mehr als gering. Wieder einmal hatte unsere Tochter ihren Schutzengel in Atem gehalten!

Einmal – unsere Kinder waren noch klein – hatten wir uns in unserem Haus in Don Mills mit Freunden verabredet. Wir wollten zusammen in das Hotel Prince zum Essen gehen. Angeregt plaudernd standen wir in der Diele und warteten auf Paul. Da kam er auch schon die Treppe heruntergelaufen, erreichte den Treppenabsatz und ... stolperte. Es gab ein grässliches Geräusch! So, als würde man einen Stock mitten durchbrechen. Kein Zweifel, Paul hatte sich das Bein gebrochen, oder eine Sehne war gerissen!

Er bestand allerdings darauf, mit uns in das Hotel zu gehen, und niemand konnte ihn davon abhalten. Im Restaurant schwoll sein Bein unglaublich an. Tapfer bemühte sich Paul, sich nichts anmerken zu lassen. Aber jedem war klar, dass mit dem Bein irgendetwas nicht stimmte. Paul litt entsetzliche Schmerzen. Er stützte sich schwer auf unsere Freunde, als wir das Restaurant verließen.

„Du musst unbedingt zu einem Arzt!", sagten sie besorgt. Diesmal widersprach Paul nicht. Wir beschlossen, direkt ins Krankenhaus zu fahren. Unsere Freunde würden mit den beiden Mädchen nach Hause fahren und dort auf uns warten.

Gerade wollten wir losfahren, als Paula – damals sieben Jahre alt – sagte: „Papa, ich will für dein Bein beten!" Sie legte ihre kleinen Hände auf das Bein, schloss die Augen und betete: „Lieber Gott, bitte mach Papa bald wieder gesund.

Er hat nämlich gar keine Zeit, krank zu sein." Dann schaute sie vertrauensvoll zu ihrem Vater auf und sagte tröstend: „Hab keine Angst. Meine Engel werden dir helfen!"

Auf dem Weg zum Krankenhaus sah ich ein paar Mal zu Paul hinüber. Wir wechselten ein paar Worte und trotz der rasenden Schmerzen lächelte er, als wir über den kindlichen Glauben unserer kleinen Tochter sprachen. Paul krempelte sich das Hosenbein hoch, begutachtete sein Bein und sagte verstört: „Margie, von der Kniescheibe bis runter zum Knöchel ist das Bein total geschwollen!"

Acht Minuten brauchten wir, bis wir bei der Aufnahme des Krankenhauses vorfuhren. Ich sprang aus dem Wagen und rannte zur Beifahrertür.

„Bleib bitte so lange hier sitzen", bat ich. „Ich gehe schnell hinein und hole jemanden, der dich reinbringt. Kannst du das Bein ausstrecken? Langsam … ganz langsam!"

Ich beugte mich zu ihm hinab und half ihm, das Hosenbein hochzukrempeln. Wir trauten unseren Augen nicht! Die Schwellung war verschwunden! Paul blickte entgeistert auf sein

Bein und versuchte, es zu beugen. Ich stand fassungslos daneben.

„Es tut überhaupt nicht mehr weh! Ich kann das Bein beugen. Und guck mal … Es ist nicht mehr geschwollen!“

Wir starrten uns entgeistert an.

„Gott hat Paulas Gebet erhört“, sagte Paul ruhig. „Herr, ich danke dir und deinen Engeln!“

Dennoch bestand ich darauf, dass sein Bein geröntgt wurde. Auf den Röntgenaufnahmen war nichts zu sehen, nicht der kleinste Bruch! Der behandelnde Arzt und die Schwestern konnten es kaum glauben, als wir ihnen berichteten, was passiert war.

Auf der Heimfahrt konnten wir uns immer noch nicht beruhigen. Es war einfach unfassbar! Nicht, dass wir es Gott nicht zugetraut hätten, dass er in einem einzigen Augenblick gebrochene Knochen wieder zusammenfügen konnte – nur, es zu erleben, das sprengte fast unseren Verstand!

Als wir in die Einfahrt zu unserem Haus einbogen, stürzten uns Tina und Paula und unsere

Freunde entgegen. Die Kinder schrien: „Papa! Papa!"

„Du fährst ja das Auto!", bemerkte Phyllis entgeistert, als sie Paul am Steuer sitzen sah.

„Warum seid ihr schon so früh wieder zurück?", erkundigte sich Ernie.

„Ich weiß es!", meldete sich da ein kleines Stimmchen und Paul wurde von der Riesenumarmung seiner Tochter beinahe erdrückt.

Ebenso gut hätte Paula sagen können: „Ich habe es dir doch versprochen!"

„Aus dem Mund der Kinder erklingt dein Lob“

„Aus dem Mund der Kinder erklingt dein Lob. Es ist stärker als das Fluchen deiner Feinde.“
Psalm 8,3

Auf unseren zahlreichen Reisen las Paul zu den unterschiedlichsten Anlässen immer wieder meine Gedichte vor. Häufig erschienen sie auch in Kirchenzeitungen und Gemeindeblättern. Pauls Vorträge wurden häufig auf Band aufgenommen.

In dieser Zeit komponierte ich auch viele Lieder, die wir dann bei den Veranstaltungen mit den Zuhörern einübten. Meist waren das einfach zu lernende kleine Lieder, die sowohl Erwachsenen wie Kindern leicht eingingen. Besonders gut schienen die Lieder „Do you know“ und „Praise the Lord, I know“ anzukommen.

Von einer Israelreise hatte Paul ein schönes Lied mitgebracht und zu dieser volkstümlichen israelischen Melodie schrieb ich nun den Text: „King of Kings, Lord of Lords“.

In dieser Zeit komponierte ich auch ein beschwingtes Lied, das ich „Ho, Ho, Ho, Hosianna!“ nannte. Alle waren davon begeistert. Man konnte wunderbar dazu tanzen und wir alle hatten viel Freude mit unseren „Aerobic“-Stunden. Auch Paul taten sie gut. Das Lied wurde fast ein Schlager.

Ein paar Monate später hatten wir einen Termin irgendwo an der Westküste. Dort stießen wir auf Leute, die das kleine Liedchen sangen und es anderen beibrachten.

„Ich bin richtig glücklich, dass meine Lieder so schnell im ganzen Land bekannt werden!“, freute ich mich.

Inzwischen wuchsen unsere Mädchen heran und begleiteten uns gelegentlich zu unseren Veranstaltungen. Wir hatten beiden Kindern Bauchrednerpuppen geschenkt. Tinas Puppe hieß Cindy, Paulas Heather. Damit unterstützten uns die beiden bei unseren Vorführungen. Kurze Zeit später erstand Paul eine weitere Bauchrednerpuppe, die den Namen „Timmy Jimmy“ erhielt. Dann kam noch „Rusty“ hinzu, der Paul auf allen seinen Reisen begleitete, bis er eines Tages gestohlen wurde. Wie durch Gottes Fügung kam schließlich „Andy“ in Pauls Besitz und wurde unser unentbehrlicher „Türöffner“ bei vielen Veranstaltungen. Schon bald bildeten wir als Familie ein richtiges Team.

1975 dann – Paul war gerade von einer Reise nach Israel zurückgekehrt – erlitt er einen körperlichen Zusammenbruch. Die Ärzte rieten ihm, nicht so viel zu arbeiten. Und – er sollte nicht alles so schwernehmen. Mit unserem Filmverleih stand es noch immer nicht zum Besten und als eine christliche Buchhandlung in Toronto ihr Interesse bekundete, das Geschäft zu übernehmen, zögerten wir nicht lange. Es war übrigens dieselbe Buchhandlung, in der Paul in den Sechzigerjahren gearbeitet hatte. Nun betreute er den Filmverleih wieder als Angestellter und nicht mehr als Besitzer. Ein Rückgang – wenn man so will! Ich verdiente als Buchhalterin ein wenig Geld mit hinzu. Die nächsten sieben Jahre arbeiteten wir in dieser Weise, führten aber weiter unsere Veranstaltungen kreuz und quer in Kanada und den nördlichen Staaten der USA durch.

„Nicht so viel arbeiten“ – das waren Worte, die nicht zu unserem Leben zu passen schienen. Unsere Arbeit mit Kindern konfrontierte uns mit vielen Nöten und wir hatten das Gefühl, diese Gelegenheiten zum Helfen nicht außer Acht lassen zu dürfen. Der Juli und August eines jeden Jahres war den Einsätzen in Tagesbibelschulen rund um Toronto vorbehalten. Weil das Filmgeschäft in diesen Monaten ohnehin schwach war, funktionierte dies Arrangement recht gut.

Ein übervoller Terminkalender war nichts Neues für uns. Nicht dass wir bewusst darauf hingearbeitet hätten – er wurde wie von selbst voll. Wiederum benutzte Gott eine unserer Töchter, um unsere Aufmerksamkeit auf ihn zu lenken. Es geschah im Sommer in einer Gemeinde in Fergus, Ontario, wo wir gerade Veranstaltungen durchführten. Tina, die damals acht Jahre alt war, half uns bei den Vorstellungen. Die fünfjährige Paula war mit einem Babysitter bei unserem Wohnwagen geblieben. Sie war ein fröhliches und ausgeglichenes Kind.

Am Nachmittag ging Paul zum Wohnwagen, weil er etwas vergessen hatte, was er für die Vorführung brauchte. Unsere Tochter spielte unter einem Baum mit ihrer Krippe, die Paul ihr aus Israel mitgebracht hatte. Er blieb kurz stehen und schaute auf die Krippe hinunter.

„Wo sind denn Maria und Josef, Liebling? Ich sehe sie gar nicht!"

„Das ist schon in Ordnung", entgegnete Paula. „Maria und Josef predigen in einer Kirche, aber die drei weisen Männer passen auf Jesus auf."

Paul hielt bestürzt inne und sah auf die Figuren hinunter. Später sagte er zu mir: „Du glaubst es nicht, was gerade passiert ist …!" Er wirkte ganz verstört.

„Gehts dir nicht gut?", fragte ich besorgt und fasste seine Hand.

„Ja … doch … mir fehlt nichts. Ich habe nur das Gefühl, dass Gott soeben Paula dazu benutzt hat, um uns etwas mitzuteilen … Als ich weggehen wollte, sagte sie: ‚Es ist schon gut, Papa. Maria und Josef sind auch immer fort, so wie ihr.'"

„Maria und Josef sind auch immer fort, so wie ihr …", wiederholte ich. „Das ist sehr treffend, aber lachen kann ich darüber wirklich nicht."

„Ich weiß“, sagte Paul. Er blickte an mir vorbei und schien mit seinen Gedanken weit weg. Dachte er an seine eigene einsame Kindheit?

Am Abend nahmen Paul und ich unser Gespräch wieder auf. Er fragte: „Margie, hast du auch den Eindruck, dass Gott zu uns sagt: Seid still, und erkennt, dass ich Gott bin!?“

In unseren Gesprächen mit den Eltern betonten wir immer wieder, wie wichtig es sei, Zeit für die Kinder zu haben. Nun mussten wir uns der Wahrheit stellen – wir selbst hatten keine Zeit für sie und das hatte nicht immer nur mit unseren missionarischen Einsätzen zu tun. Wir erhielten das Geld für unsere Einsätze jetzt immer pünktlich, aber irgendwie waren unsere Kinder in all den Verpflichtungen „untergegangen“ und bekamen nicht die notwendige Zuwendung.

„Ich finde, es wird langsam Zeit, dass wir selbst tun, was wir anderen predigen“, bemerkte Paul. Wie recht er hatte!

Also begannen wir, einen festen Familienabend in jeder Woche in unseren Terminkalender einzutragen. An diesem Abend durften die

Mädchen bestimmen, was sie gern mit uns zusammen unternehmen wollten. Seitdem haben wir uns eisern an diese Regelung gehalten. Der Familienabend besteht sogar noch heute!

Wir gelobten vor Gott und versprachen es einander und auch den Kindern: Unser Einsatz in der missionarischen Kinderarbeit, so wichtig er sein mochte, durfte nicht dazu führen, dass Tina und Paula aus dem Zentrum unserer Liebe und Fürsorge verdrängt wurden. Niemals wieder sollte eine unserer Töchter sagen müssen: „Papa und Mama sind immer fort …"

In seinem Buch „Too Tough to Cry" nimmt Paul Bezug auf dieses Ereignis in unserem Leben, als er schreibt: „Es entspricht nicht Gottes Willen, wenn Eltern auf einer öden, unfruchtbaren Insel des Materiellen und unablässigen Hetzens und Jagens lauter Gestrandete heranziehen. Er möchte nicht, dass Kinder vernachlässigt oder misshandelt werden. Unglücklicherweise aber geschieht gerade das sehr oft."

Gegen Ende des Jahres 1979 mussten wir eine der wichtigsten Entscheidungen in unserem bisherigen Leben treffen. Schon seit Längerem hatten wir das Empfinden gehabt, es wäre an der Zeit, in einen anderen Ort zu ziehen. Aber waren wir wirklich bereit, all das Gewohnte und Vertraute hinter uns zu lassen? Und war es überhaupt Gottes Wille, dass wir umzogen? Fragen über Fragen …

Die Würfel sind gefallen

Ein neues Jahrzehnt brach an und für uns ein neues Leben. Im Juli des Jahres 1980 war es endlich so weit: Wir zogen um!

Vor dem Haus stand der Möbelwagen. Die Packer verluden unsere Möbel, das Geschirr, die Bücher. Im leeren Wohnzimmer saßen und standen Freunde, Nachbarn und Familienmitglieder und alle fürchteten wir den Augenblick des Abschieds.

„Wir müssen nur mal kurz zum Rechtsanwalt und ein paar Dokumente unterzeichnen", sagte Paul zu unseren Besuchern. „Bleibt nur hier! Wir sind gleich wieder da!"

Wir sprangen in unseren Kombi und Paul fuhr rasch zu der Praxis unseres Rechtsanwalts, bei dem wir noch Papiere für den Verkauf unseres Hauses unterzeichnen mussten. Außerdem gab uns der Anwalt sechs Kartons mit Schriftstücken mit, die wir in seinem Gewahrsam gelassen hatten. Wir luden die Kartons in unseren bis oben vollbepackten Kombi. Und schon gerieten Paul und ich aneinander.

„Die Unterlagen müssen unbedingt in unserem Auto bleiben", verlangte ich aufgeregt. „Sie sind unheimlich wichtig und ich will sie nicht den Umzugsleuten mitgeben."

Paul blieb stur. „Kommt nicht infrage", entgegnete er, ohne mich auch nur eines Blickes zu würdigen. „Wir haben eine Fahrt von fast 4000 Kilometern bis Vancouver vor uns. Da können wir das Auto nicht bis unter das Dach mit Kartons vollstopfen. Wir müssen uns schließlich noch bewegen können!"

„Aber wir müssen die Sachen mitnehmen!", jammerte ich. „Sie sind unersetzlich! Wenn sie verloren gehen …" Ich war der Verzweiflung nahe.

Pauls Gesichtsausdruck blieb hart.

Ich war, was unseren Umzug betraf, ohnehin von den widersprüchlichsten Empfindungen erfüllt. Einmal war ich begeistert, dann wieder schreckte mich der Gedanke, nach British Columbia zu gehen. Und jetzt noch dies … Aber was wir in diesem Moment nun wirklich nicht brauchen konnten, das war ein Streit. Wir hatten unsere Gefühle ohnehin nicht mehr ganz im Griff. Ein letzter Versuch.

„Paul, in einem der Kästen sind auch meine Gedichte, alles, was ich zu Papier gebracht habe … meine ganze Sammlung … und deine Zertifikate, die Entwürfe für deine Vorführungen, Gewinnerurkunden …"

„Vertrau mir doch!", bat Paul, nicht mehr ganz so streng. „In dem Umzugswagen sind so viele Dinge, die uns lieb und teuer sind. Und überhaupt – diese Firmen stehen doch unter Vertrag, du kannst dich auf sie verlassen. Komm, komm … Sei jetzt wieder fröhlich!" Paul strich mir leicht über die Wange und sah mich aufmunternd an. Mir war klar, dass jedes weitere Wort sinnlos wäre.

Also kletterten wir aus dem Kombi und trugen die Kartons, die alle sorgfältig verschlossen waren, hinüber zu dem Umzugswagen.

„Nur noch ein paar Kisten, Männer", sagte Paul. „Ihr seid wohl schon fertig?!"

Paul und ich gingen rasch noch einmal durch die leeren Räume unseres Hauses. Unsere Freunde und Nachbarn und Familienangehörigen standen jetzt in kleinen Gruppen im Flur herum. Der Augenblick des Abschieds war gekommen. Den ganzen Tag über war es mir gelungen, vor den anderen nicht zu weinen. Ich war allerdings zwischendurch mehr als einmal schnell ins Bad gegangen, um meine Augen abzutupfen. Aber jetzt konnte ich die Tränen nicht länger zurückhalten, als ich in all die geliebten, vertrauten Gesichter blickte. Auch von ihnen weinten einige. Abschied zu nehmen ist etwas Furchtbares. Immerhin hatten wir dreizehn Jahre in diesem Haus gelebt und es zu einem schönen Heim gestaltet. Nun mussten wir alles zurücklassen und in eine ungewisse Zukunft aufbrechen.

Nach all dem Verabschieden, Winken, den vielen Umarmungen und Küssen fuhren wir los. Ich musste mich wirklich zusammenreißen und mich daran erinnern, warum dies alles hier geschah …

Das rastlose Gefühl hatte schon ein paar Monate früher eingesetzt; genauer gesagt, war es im Herbst des vergangenen Jahres gewesen, dass Paul und ich angefangen hatten, miteinander darüber zu sprechen.

„Wir gehen jetzt schon beinahe fünfzehn

Jahre lang in dieselbe Gemeinde, in dieselben Camps, Jahr für Jahr immer dasselbe“, hatte Paul gesagt. „Meinst du nicht auch, wir sollten uns verändern? Und außerdem: Der Winter hier in Ontario ist immer so lang und kalt …“

Paul hatte recht. Mindestens zwei Mal im Jahr – und das war so sicher wie das Amen in der Kirche – bekam er eine schwere Erkältung.

„Kannst du dich noch an die Neubausiedlungen und die vielen Kirchen erinnern, die in Vancouver gebaut werden?“, fragte Paul.

Wir waren vor einem Jahr in dieser Gegend gewesen.

„Ich überlege ja immer noch, in den vollzeitlichen Dienst einzutreten.“ Paul ließ nicht locker. „Wenn wir das wirklich wollen, sollten wir es tun, bevor die Mädchen noch größer sind.“

„Tina muss ohnehin bald zur Mittelschule wechseln“, gab ich zu bedenken.

Hin und her überlegten wir, wogen alles Für und Wider ab. Schließlich kam mir eine Idee: „Was hältst du davon, wenn wir das Haus zum Verkauf in die Zeitung setzen und sehen, was passiert? Es könnte ein Zeichen Gottes sein.

So wie die Geschichte im Alten Testament mit Gideon und dem Fell …“

Es fand sich kein Käufer für unser Haus. Und die Idee eines Umzugs rückte wieder in weite Ferne. Aber immer wieder baten wir Gott, uns den richtigen Weg für unser Leben zu zeigen.

Bei einer Konferenz von Pastoren erfuhr Paul, dass die Provinz British Columbia als das kommende Gebiet für Evangelisation und missionarische Einsätze galt. Paul erinnerte sich daran, wie überwältigend seine Vorträge bei seinem Einsatz damals aufgenommen worden waren. Und wieder kam die Frage nach einem Ortswechsel auf.

„British Columbia ist ein weites Erntefeld!“, erklärte Paul begeistert. „Was für eine Möglichkeit, dort zu predigen!“

Paul hatte während der Konferenz mit einigen Freunden über einen möglichen Wechsel gesprochen und auch über seinen Wunsch, in den vollzeitlichen Dienst einzutreten. Gemeinsam hatten sie Gott um Wegweisung gebeten. Und auch ich hatte mir sehr viele Gedanken darüber gemacht. Ich schaute in das geliebte Gesicht meines Mannes und sagte:

„Die Gaben sind vorhanden, Paul! Was wir brauchen, ist Vertrauen zu Gott!"

Und wieder boten wir unser Haus zum Verkauf an. Inzwischen war es Mai geworden. Ob Gott uns diesmal ein Zeichen geben würde – so wie damals Gideon? Ende Juni war das Haus verkauft. Und nun gab es eine Menge Aufregung in der Familie Powers!

„Wovon sollen wir leben?" Diese Frage hatte mich schon vor dem endgültigen Verkauf unseres Hauses sorgenvoll beschäftigt. Wahrscheinlich würde doch noch einige Zeit vergehen, bis Paul in den vollzeitlichen Dienst gehen konnte.

In kürzester Zeit hatte Paul das Problem gelöst. Oder sollte ich besser sagen: Gott lenkte unser Leben in einer Weise, dass wir merkten: Er geht uns voran!? Das Angebot einer Filmgesellschaft in Vancouver war die Antwort. Paul sollte für sie die Einführung und Werbung für die neue Filmserie „Brennpunkt Familie" mit Dr. James Dobson übernehmen.

„Selbstverständlich sind Sie auch unser Repräsentant für die anderen Filme, die wir vertreiben", versprach man ihm. War das nicht Maßarbeit Gottes?

Alle diese Gedanken gingen mir durch den Kopf, als sich unser voll bepackter Kombi in Bewegung setzte. Ein letzter Blick zurück auf unsere Straße und die vertrauten Häuser der Nachbarn.

„Endlich gehts los!", rief Paul übermütig. „Los, alle zusammen jetzt: Vancouver, wir kommen!"

Alles verloren!

„Wenn alles danebengeht,
so wie es manchmal geschieht,
wenn der Weg, den du gehst,
immer beschwerlicher wird,
dann stelle dich dem Kampf,
wo er am härtesten ist.
Wenn es am allerschlimmsten steht,
dann gib nicht auf!“
EDGAR A. GUEST

Faul und zufrieden lagen wir am Swimmingpool eines bekannten Hotels in der bezaubernden Stadt Alberta und genossen ein paar freie Tage. Erholung hatten wir uns nach dem Umzug in der Tat verdient, bevor wir mit der Arbeit begannen, die uns in Vancouver erwartete. Eine Klassenkameradin Tinas arbeitete den Sommer über in diesem Hotel. Das mochte als weitere Entschuldigung dafür gelten, das Wochenende in diesem komfortablen Hotel zu verbringen. Es war eine Wohltat, nach den Strapazen der langen Fahrt vom Osten Kanadas bis hierher einmal richtig auszuspannen.

„Kommt, wir fahren zum Louise-See", schlug Paul vor. Hier trafen wir Cliff und Billie Barrows. Cliff gehörte zum Billy-Graham-Team und war ein guter Freund Pauls.

Auf der Rückfahrt zum Hotel kamen mir erneut die Kartons in den Sinn, die wir in letzter Minute auf den Möbelwagen geladen hatten.

„Du weißt: Es wird alles abgeladen und für einen Monat eingelagert", erinnerte ich Paul. „Ich hoffe nur, es kommt nichts abhanden."

„Jetzt sag bloß, du hast dich die ganze lange Fahrt mit diesen Kartons beschäftigt", lachte Paul belustigt.

„Ich fürchte, ja … Kein sehr großer Glaube, wie?"

Paul legte den Arm um mich und versicherte: „Es ist nicht so, als hättest du überhaupt keinen Glauben. Wir sind eben alle Menschen und deine Befürchtungen sind vielleicht nicht völlig von der Hand zu weisen. Gott versteht das. Aber jetzt machen wir uns erst einmal eine schöne Zeit hier, okay?"

Ich nickte.

Viel zu schnell verflogen die wenigen Ferientage. In der ersten Augustwoche kamen wir in unserer neuen Heimat Vancouver an, wo wir zunächst in eine Mietwohnung zogen. Am ersten September – so hofften wir – sollte der Kaufvertrag für unser Haus unter Dach und Fach sein. Leider war das Haus in der Zwischenzeit verkauft worden. So waren wir gezwungen, uns etwas anderes zu suchen.

Aber dann war es endlich so weit! Wir konnten in unser neues Heim einziehen! Alles sei ausgeladen, erklärten die Umzugsleute. Ich ging von Zimmer zu Zimmer und schaute auf die zu Türmen gestapelten Kisten und Kästen. Einer der Männer sagte beruhigend: „Es ist alles da!", und wischte sich den Schweiß von der Stirn. Paul unterzeichnete den Empfang unserer Sachen und dann waren wir allein.

Umgeben von einem schrecklichen Chaos aus Möbeln, Kisten und Kartons versuchten wir, System in das Ganze zu bringen und die Sachen an ihren endgültigen Platz zu räumen. Plötzlich erstarrte ich: Wo waren die Kartons mit den wichtigen Unterlagen, die wir noch im letzten Moment auf den Umzugswagen geladen hatten?

„Du findest sie bestimmt bald in dem Wust", tröstete Paul. „Mach nur einfach weiter."

Also machte ich weiter.

Auch die Kinder packten fleißig aus. Ab und zu hörten wir sie begeistert losschreien, wenn sie wieder eines ihrer Lieblingsspielzeuge entdeckt hatten.

„Oh, die Flurlampe ist zerbrochen!", sagte ich bedauernd. Das sollte jedoch nicht die einzige Enttäuschung bleiben. Als ich anfing, das Porzellan auszupacken, entdeckte ich, dass ein paar Stücke den Transport nicht überstanden hatten. Ein Umzug war eben doch mit gewissen Risiken verbunden, das mussten auch wir erfahren.

Am nächsten Tag waren die meisten der Umzugskisten ausgepackt und alle Möbel standen an Ort und Stelle. Von den sechs Kartons freilich, die wir bei unserem Rechtsanwalt abgeholt hatten, fehlte immer noch jede Spur. Wir suchten noch einmal gründlich und dann noch einmal.

„Sie sind nicht dabei, Paul!", sagte ich schließlich. „Lass uns den Tatsachen ins Gesicht sehen: Sie sind verloren gegangen … weg!"

Paul schaute schuldbewusst drein.

„Es tut mir so leid, Margie!“, beteuerte er. „Hätte ich doch auf dich gehört! Sobald das Telefon angeschlossen ist, setze ich mich mit der Umzugsfirma in Verbindung. Die werden bestimmt etwas herauskriegen!“

Paul bemühte sich sehr, sich selbst und mir Mut zu machen.

„Deine Gedichte sind ja auch bei dem Rechtsanwalt in Toronto registriert. Wenn sie also nicht wieder auftauchen, können wir ihn informieren.“

Ein ums andere Mal rief Paul in den nächsten Wochen bei der Umzugsfirma an. Und immer wieder hielt man uns hin. „Wir haben Nachforschungen nach Ihren Kartons eingeleitet. Sie werden mit Sicherheit irgendwo auftauchen!“

Monate gingen ins Land und von Woche zu Woche schwand meine Hoffnung.

Ich hatte vorgehabt, nach dem Umzug, wenn sich alles beruhigt hatte, meine Gedichte zusammenzustellen und sie als Sammlung zur Veröffentlichung einzureichen. Und nun war kein einziges mehr davon vorhanden! Ich schwankte zwischen Gefühlen ohnmächtigen Zorns und totaler Verzweiflung. Wenn ich mich hinsetzte und etwas Neues schreiben wollte, war es mir, als sei mein Kopf voller Watte. Dass meine Gedichte verloren gegangen sein sollten, traf mich zutiefst. Paul tat das Ganze unsagbar leid. Aber ihm fiel es schwer, das entsetzliche Gefühl des Verlustes, unter dem ich litt, in dieser Weise nachzuvollziehen. Überdies musste er sich in seine neue verantwortungsvolle Tätigkeit einarbeiten und war dazu noch häufig mit dem Auto unterwegs.

Gegen Ende des Jahres hörten wir, dass die Umzugsfirma liquidiert war. Bis zum Jahr 1982 war es uns nicht gelungen, auch nur die geringste Spur von den verloren gegangenen Kartons zu entdecken. Irgendwann erfuhren wir, dass dieses Umzugsunternehmen in Toronto wieder bestand. Neue Hoffnungen – und endlose Telefonate! Dann machte die Firma endgültig Bankrott und wir waren am Ende unserer Hoffnungen angelangt.

„Es muss einfach einen Grund dafür geben,

dass Gott das alles zugelassen hat …", sagte ich zu Paul, verzweifelt bemüht, dem unbegreiflichen Geschehen doch noch einen Sinn abzugewinnen. „Wir müssen jetzt einfach irgendwie weiterleben …"

Wo bleibt mein Recht?

„Mit Bitterkeit, Jähzorn, Wut, gehässigem Gerede oder anderen Gemeinheiten sollt ihr nichts mehr zu tun haben."
EPHESER 4,31

1983 nahmen wir an einer Evangelistenkonferenz in Holland teil, die mit Unterstützung der Billy-Graham-Association stattfand. Unsere Kinder hatten wir mitgenommen. Auf der Rückreise stießen wir in einer christlichen Buchhandlung im Bundesstaat Washington auf eine Kalligrafie meines Gedichtes „Spuren im Sand". Ich traute meinen Augen nicht.

Wir kauften die Karte mit der Absicht, sie zu Hause mit meinem Gedicht zu vergleichen, das ich in der Zwischenzeit aus dem Gedächtnis wieder aufgeschrieben hatte.

Bis auf winzige Änderungen entsprach es genau dem Original. Auf der Rückseite waren die Adresse und der Name der Frau vermerkt, die vorgab, das Gedicht verfasst zu haben. Sofort schrieb ich der angeblichen Autorin. Ich erhielt eine Antwort von ihrem Ehemann, der mich wissen ließ, nichts läge ihnen ferner, als anderer Leute Gedichte zu stehlen. Man möge sie in dieser Angelegenheit nicht noch einmal belästigen.

Jemanden belästigen!? Das war nun bestimmt nicht meine Absicht gewesen. Ich hatte lediglich versucht, etwas richtigzustellen! Meine Leiden um meine verlorene Sammlung waren offenbar noch nicht zu Ende …

Wir fuhren später noch einmal in diese Buchhandlung. Dabei entdeckten wir zwölf weitere Gedichte von mir – alle kunstvoll in Schönschrift auf Postkarten aufgezeichnet. Noch einmal schrieb ich an die „Autorin“ und ihren Ehemann. Keine Reaktion. Als ein drittes Schreiben mit dem Vermerk „Annahme verweigert“ zurückkam, gaben wir auf.

Einige Wochen später – wir hatten gerade einen Einsatz auf der Insel Vancouver – stießen wir in der Hauptstadt Victoria in einer Buchhandlung wieder auf das Gedicht „Spuren im Sand“. Diesmal lautete die Überschrift: „Ich hatte einen Traum“ – der Titel, den ich der Originalfassung gegeben hatte. Die Qualität war unübertroffen. Wir sahen uns die anderen Karten und Lesezeichen an. Dabei stellten wir fest, dass sie von einem namhaften amerikanischen Verlag herausgebracht worden waren.

Was konnten wir tun? Wieder zu Hause angekommen, wandten wir uns an einen Rechtsanwalt, der sich auf Urheberrechtsfragen spezialisiert hatte. Auch hatte uns inzwischen sein Kollege aus Toronto den Nachweis über die von mir verfassten und bei ihm eingetragenen Gedichte zugesandt. Unser jetziger Rechtsanwalt richtete ein Schreiben an den amerikanischen Verlag, in dem er ihn über die wahre Urheberschaft der Gedichte informierte.

Der Verlag zog sich äußerst geschickt aus der Affäre. Man teilte uns mit, dieser Bereich würde von einer neuen Mitarbeiterin betreut, die sich bald mit uns in Verbindung setzen werde. Nach einiger Zeit teilte uns die Sachbearbeiterin schließlich mit, der Verlag würde überhaupt nichts unternehmen, bevor ihnen nicht der amtlich registrierte Nachweis über das Urheberrecht an „Spuren im Sand“ überlassen würde.

Dabei hatte ihnen der Rechtsanwalt das doch schon für alle Gedichte zukommen lassen! Es erschien alles so sinnlos ... war nur eine Zeitvergeudung. Würde denn der Ärger überhaupt kein Ende mehr nehmen?

Wo immer wir in der Folgezeit hinkamen, stießen wir früher oder später auf die „Spuren im Sand". Wir fanden sie auf Postkarten, auf Buchzeichen, auf Kalendern und Postern, in Zeitschriften, auf Abbildungen ... Sogar auf Tassen und Tellern sahen wir das Gedicht eingebrannt ...

Paul und ich nahmen in Sebastopol in Kalifornien an einer Konferenz für leitende Mitarbeiter in Gemeinden teil. In der freien Zeit zwischen zwei Seminaren fuhren wir zum Hafen von San Francisco. Dort trafen wir auf einen Mann, der übergroße Poster verkaufte. Sie waren mit seinem Namen signiert. Die Poster zeigten eine neue Version der „Spuren im Sand". Eine Fälschung? Dieses Gedicht erzählte davon, wie der Verfasser mit seinem Freund am Meer entlanggegangen war und dass er ihm versprochen hatte, ihm zu vertrauen. Unglücklicherweise war sein Freund an Aids verstorben.

Vorsichtig sprachen wir den Mann auf das Gedicht an. Er ging sofort in die Offensive. „Wen kümmerts, wer das Gedicht abschreibt? Und wer garantiert mir überhaupt, dass Sie der Verfasser sind? Da kann ja jeder kommen ...!"

Da war es mit meiner Selbstbeherrschung vorbei. Es war einfach zu viel. Ich schluchzte hemmungslos. Meinen Spaziergang mit Paul so in den Schmutz gezogen zu sehen und unsere wunderbare Unterhaltung, die ja erst dazu geführt hatte, dass ich 1964 „Ich hatte einen Traum" niederschrieb ...!

Bevor wir wieder nach Hause fuhren, wollten wir noch in dem wunderschönen Ort Carmel, der südlich von San Francisco liegt, das berühmte Kloster aufsuchen. Zu unserem Entsetzen entdeckten wir in einer Buchhandlung ein Bild, das die Jungfrau Maria zusammen mit einer Nonne zeigte; darunter war in gestochener Schönschrift die Geschichte der „Spuren" zu lesen, dieses Mal aus der Sicht einer Nonne. Wieder einmal verließen wir fluchtartig eine Buchhandlung; ich konnte vor Tränen kaum mehr etwas sehen.

Ein anderes Mal und an einem anderen Ort begegnete uns mein Gedicht in Verbindung mit einer Zeichnung, auf der ein Mann ein Kind an der Hand führte. Ich konnte es nicht fassen, dass Menschen so lässig mit etwas umgingen, das Paul und mir so unendlich viel bedeutet hatte. – Eine Frau hatte ihre Autobiografie geschrieben und darin behauptet, Gott habe ihr das Gedicht „Spuren im Sand" geschenkt. Sie hatte es sogar noch vertont! Ich schrieb ihr einen Brief. Die Autorin fühlte sich dadurch keineswegs bemüßigt, das Buch vom Markt zu nehmen. Stattdessen übersandte sie mir eine Kopie des Liedes, das ihre Urheberschaft bescheinigte.

Irgendwo sahen wir das Gedicht – in Kreuzstichen gestickt … Wieder schrieb ich hin. Wieder erreichte ich nichts …

Ich musste den Tatsachen ins Auge sehen: Die Leute verdienten eine Menge Geld mit meinen „Spuren". Paul und ich hatten eine Unmenge Zeit und auch Geld investiert, um dem Ganzen eine Kehrtwendung zu geben, aber alle unsere Bemühungen waren erfolglos geblieben. Es war, als wollte man einen Großbrand mit einem Eimer Wasser löschen.

Auf diese Weise ging so viel von dem Geheimnis und der Einmaligkeit unseres Erlebnisses verloren.

Paul und mir wurde klar, dass die Leute, die das Gedicht ohne meine Zustimmung verbreiteten, sich etwas zu eigen machten, das Gott mir allein anvertraut hatte. In unserer Not zogen wir einen guten Freund ins Vertrauen – er wohnte in Reno, Nevada. Er sagte:

„Ich kenne einen Rechtsanwalt, der gute Verbindungen zu einem Spezialisten in Urheberrechtsfragen hat. Er wohnt in San Francisco und ist ein Profi. Vielleicht solltet ihr es mal mit dem versuchen. Diesen Übergriffen muss doch ein Ende gesetzt werden!"

Paul ermahnte mich: „Es darf auf keinen Fall geschehen, dass wir wegen dieser Sache total verbittert sind. Was Gott dazu sagt, ist doch mehr als eindeutig."

Er hatte ja so recht. „Ich bin nicht bitter, Paul, ich bin nur verzweifelt“, verteidigte ich mich. „Zumindest nehme ich an, dass ich nicht verbittert bin. Ich bin nur so traurig, weil ich nicht weiß, was wir noch unternehmen könnten und ob wir überhaupt noch etwas tun sollen.“

Wie soll man sich in einer derartigen Situation verhalten? Wir brauchten dringend eine Antwort auf diese Frage.

Schließlich entschieden wir uns, den Rechtsanwalt in San Francisco zu beauftragen, rechtliche Schritte einzuleiten. Er sollte dafür sorgen, dass mein Gedicht, nunmehr unter meinem Copyright erschienen, keinem weiteren Missbrauch mehr zum Opfer fiel.

Das Puzzle

„Achtet darauf, dass keiner von euch
an Gottes Gnade gleichgültig vorübergeht,
damit sich das Böse nicht bei euch breitmacht
und Zank und Streit die ganze Gemeinde
vergiften.“
HEBRÄER 12,15

Gerade zu der Zeit, als wir uns wieder einmal mit den Fragen herumquälten, wie es mit meinen Gedichten weitergehen sollte, kamen meine Mutter und meine Tante zu Besuch.

„Es ist so, als ob man ein überdimensional großes Puzzle zusammensetzen soll“, habe ich damals zu den beiden gesagt, als wir über unsere Schwierigkeiten sprachen. Offenbar hatte mich das 1000-Teile-Puzzle, das auf dem Tisch im Wohnzimmer lag und bei dem ich schon viele Stunden zugebracht hatte, auf diesen Vergleich gebracht.

„Wie kommst du denn damit voran?“, fragte meine Mutter und wies in Richtung Wohnzimmer.

„Manchmal wird man fast verrückt", gab ich zu. „Dann höre ich einfach auf, mache einen Spaziergang – und die Hausarbeit ist ja auch noch da. Aber irgendwann mache ich dann immer wieder weiter!"

Meine Mutter lächelte. „Siehst du, irgendwann wirst du die Antwort bekommen!", sagte sie geheimnisvoll. Und es war offensichtlich, dass sie diesmal nicht mein Puzzle im Wohnzimmer meinte.

Einige Tage später – meine Mutter und meine Tante waren wieder abgereist – erklärte ich meiner Familie stolz: „Das Puzzle ist fertig!" Es erfüllte mich mit tiefer Befriedigung, dass es so schön geworden war. Alle waren begeistert, und Paul und Paula beschlossen heimlich, es auf einen Rahmen aufzuziehen und es den Freunden zu schenken, die während unseres Einsatzes in Australien und Neuseeland unser Haus gehütet hatten. Gesagt, getan ... Als ich morgens aus dem Haus ging, um einzukaufen, nahmen sie die Sache in Angriff. Sie gingen äußerst vorsichtig zu Werke, aber ein falscher Griff – und das Puzzle fiel in tausend Teile auseinander. Paul und Paula waren entsetzt. Was konnten sie tun? Und vor allem: Wie würde ich dieses Missgeschick aufnehmen?!

Ich nahm es nicht gerade gelassen hin. Um die Wahrheit zu sagen: Ich bekam einen regelrechten Tobsuchtsanfall. Und auch in den folgenden Wochen nagte der Ärger darüber beständig an mir, wenn ich auch versuchte, ihn eher schlecht als recht vor meiner Familie zu verbergen. Aber noch schlimmer. Ich ärgerte mich nicht nur, ich war verbittert! Und allmählich dämmerte es mir, dass diese Verbitterung schon seit geraumer Zeit in mir gewachsen war – ich hatte es nur nie zugeben wollen. Normalerweise hätte mich ein Zwischenfall wie der mit dem Puzzle nicht so aus dem Gleichgewicht bringen können. Ich hätte gelacht und gesagt: „Also, dann fangen wir noch mal von vorne an. Aber diesmal müsst ihr alle mithelfen!" Und wir hätten unseren Spaß dabei gehabt.

Stattdessen hatte ich geschrien: „Ich will das blöde Puzzle nie wieder sehen! Bleibt mir bloß damit vom Leib!" Weinend war ich aus dem Zimmer gestürzt.

Es war meine Tochter Paula, die mich danach liebevoll wieder auf den Boden der Tatsachen zurückbrachte. Sie sagte zu mir: „Mama, du bist richtig verbittert. Irgendwas frisst dich innerlich auf. Du musst das wieder loswerden …" Dann öffnete sie die Bibel, legte den Arm um mich, schlug die Stellen aus dem Epheserbrief, Kapitel 4, Verse 30-31 und aus dem Hebräerbrief, Kapitel 12, Verse 14-15 auf. Paula las vor:

„Mit Bitterkeit, Jähzorn, Wut, gehässigem Gerede … sollt ihr nichts mehr zu tun haben …" und: „Setzt alles daran, mit jedem Menschen Frieden zu haben und ein Leben zu führen, das Gott gefällt."

Ich war meiner Tochter dankbar, dass sie es gewagt hatte, mir Dinge zu sagen, die ich offenbar nötig hatte. Wir lagen uns in den Armen und weinten beide. Paula spürte, dass ich tief innerlich verletzt und wund war. Meine Reaktion auf das kaputte Puzzle zeigte nur, wie es in meinem Herzen aussah. Gott hatte Paula in ihren jungen Jahren die Einsicht geschenkt, dies zu erkennen und den Finger auf die Wunde zu legen.

Ich aber musste mich den offensichtlichen Problemen stellen und mich fragen: Wie gehe ich mit der Schuld um, die andere auf sich geladen haben? Warum reagiere ich so verbittert und voller Hass darauf? Warum reagiere ich auf die Vorkommnisse mit meinen Gedichten so überempfindlich? Bis jetzt hatte ich doch immer versucht, die Sonne nicht über meinem Zorn untergehen zu lassen … Ich will doch vertrauen, dass sich alles wieder zum Besten wendet. Hilf mir, o Gott! Ich brauche deine Führung und dass du mir Dinge klarmachst. Ich bin so verwirrt …

Im Verzicht liegt Segen

„Als ich den Herrn um Hilfe bat,
antwortete er mir und
befreite mich von meinen Ängsten.“
PSALM 34,5

Ich hörte zwar keine Stimme vom Himmel, aber Gott hat auf meinen Hilfeschrei geantwortet.

Ich begriff, wie schwer es für Paul gewesen sein musste, während dieser Zeit mit mir zu leben. Obwohl unsere Arbeit mit Kindern sich ausweitete und wir den Segen Gottes in mancherlei Weise verspürten, nagte doch tief in meinem Herzen unentwegt dieses entsetzliche Gefühl des Verlustes darüber, dass man mir meine Gedichte, mein Lebenswerk, geraubt hatte. Nachdem ich mit Paula gesprochen hatte, hatte ich das Empfinden, Gott lege seine Hand auf einen Bereich meines Lebens, den ich bisher vor ihm versteckt hatte. Es war, als ob er zu mir sprach:

„Mein liebes Kind, Bitterkeit und Hass in deinem Herzen vergiften nicht nur dein Leben;

sie schaden auch denen, mit denen du zusammenlebst. Sie kriegen deinen Ärger und deine Wut nämlich zuerst ab.

Deine Tochter Tina zum Beispiel wagt es nicht, irgendjemandem zu sagen, dass du die ‚Spuren im Sand' gedichtet hast oder auch die anderen Gedichte, die sie abgedruckt gesehen hat. Noch nicht einmal ihre Freunde am College wissen das. Und warum, Margie? Du siehst: Dass du verbittert bist, verletzt nicht nur dich. Deine Tochter, die dir so viel bedeutet, leidet, weil du leidest. Sie ist sich gar nicht richtig klar darüber, was sie so umtreibt. Aber weil es dich fertigmacht, was mit deinen Gedichten passiert ist, mag sie nicht zugeben, dass sie von dir stammen.

Bitterkeit und Groll haben oft ihren Ursprung in dem, was ein anderer dir angetan hat. Es kann ja sein, dass die andere Person wirklich im Unrecht war. Du weißt das und meinst, sie käme ungeschoren davon. Hast du vergessen, dass niemand etwas vor mir verbergen kann? Du trägst nun schon so lange eine schwere Last auf deinem Herzen. Du wirst den Gedanken nicht los, dass dir bitteres Unrecht widerfahren ist. Ich weiß, dass du ein empfindsames Gewissen hast. Aber du hast ein großes Problem und du musst es einfach abgeben.

Bis jetzt wolltest du eigentlich gar nicht richtig von deinen Sorgen befreit sein. Du hattest dich an sie gewöhnt!

Ja, ich weiß, manchmal kommst du ganz gut damit zurecht, und du bist innerlich ruhig, aber vergiss nicht: Gewohnheiten sind stark, sie können deine Persönlichkeit verkrüppeln. Du bist nicht mehr das unbeschwerte junge Mädchen, das Paul heiratete. Du bist – wie viele andere – bitter geworden über all das, was lange Jahre zurückliegt.

Wenn du eine christliche Buchhandlung betrittst, kommen all die bösen Gefühle sofort wieder hoch. Du kannst dich noch so sehr anstrengen, sie zu unterdrücken – sie werden immer wieder aus der Tiefe aufsteigen und dich an deinen Kummer erinnern. Das ‚Beweismaterial', das da in den Geschäften für jeden sichtbar ausliegt, wird dich immer aus deiner Ruhe aufstören, denn du kannst den ‚Spuren im Sand' nicht ausweichen. Aber du gehst gern in diese

Buchhandlungen. Für Paul und dich waren es wohl die glücklichsten Jahre eurer Ehe, als ihr beide in Toronto gearbeitet habt. Willst du deinen Gefühlen weiter erlauben, wie ein Krebsgeschwür in dir zu fressen?

Sieben Jahre lang quälst du dich nun schon damit herum. Du hast getan, was du konntest, um die Sache richtigzustellen, hast Verlegern und angeblichen Autoren deine Urheberschaft zur Kenntnis gebracht. Viele haben dir geantwortet, aber kein Einziger ist bereit, die notwendigen Konsequenzen zu ziehen, weil sie eine Menge Geld damit verdienen.

Der Rechtsanwalt hat dir geraten, alles so weiterlaufen zu lassen, weil es sich in einem Prozess vor Gericht als großer Vorteil für dich erweisen würde.

Mein geliebtes Kind, ich weiß, dass du nicht möchtest, dass diese bittere Wurzel weiter dein Leben vergiftet. Ich denke, du verstehst, was ich meine. Dir und Paul geht es nicht um Geld – das ist nicht die Ursache deiner Sorgen. Ich sehe bis in die tiefste Tiefe deines Herzens. Hier bei mir ist der Friede, bei mir kannst du zur Ruhe kommen. Nimm den Frieden einfach an. Vergiss, was man dir angetan hat, lerne zu vergeben. Überlass mir die ganze verworrene Sache. Ich werde damit fertig."

Nein, niemand anderes hätte diese Worte hören können. Aber in meinem verstörten Herzen habe ich sie vernommen. Und ich wusste jetzt, was ich zu tun hatte. Ich musste darauf verzichten, Verzweiflung und Trauer zu empfinden; ich musste auf mein Recht verzichten, ärgerlich und wütend zu sein. Ich musste es einfach gehen lassen. Das war gar nicht so einfach – die Wurzeln der Verbitterung reichten schon sehr tief. Aber wenn ich die tiefe Güte Gottes und seinen Frieden erfahren wollte, den er allen versprochen hat, die seinem Wort gehorchen und ihm vertrauen, dann gab es für mich keinen anderen Weg, als die Herrschaft über mein Leben an Gott abzugeben – zu vergeben und zu vergessen.

In dieser Zeit kamen wir mit zwei kanadischen und zwei amerikanischen Rechtsanwälten in Kontakt, die darauf brannten, den Fall erneut aufzurollen. Das Verzichten wurde mir nicht leicht gemacht. Wie würde ich mich entscheiden?

„Überlass es mir“

„Überlass sie einfach mir,
die Sache, die dir so viel bedeutet.
Ich will dich segnen und dir Ruhe geben.
DARUM: ÜBERLASS ES EINFACH MIR.“

Welch ein Geschenk macht uns Gott mit Menschen, die er uns zur Seite stellt!

„Wie sollen wir uns in dieser Sache verhalten?“, fragte ich am 25. November 1987 meine Mutter in einem Telefongespräch. Meine Mutter, am anderen Ende Kanadas und Tausende von Kilometern von uns entfernt, wusste, dass wir den Rechtsanwälten grünes Licht geben mussten, wenn wir einen Prozess wollten – oder aber wir ließen das Ganze ein für alle Mal fallen.

„Was hätte Vater dazu gesagt?“, fragte meine Mutter zurück. Mein Vater war vor zehn Jahren gestorben, aber wir zogen seine uns in Erinnerung gebliebenen Ratschläge immer noch ganz selbstverständlich in unsere Überlegungen mit ein, wenn wir vor schwierigen Entscheidungen standen.

Ich wusste sehr gut, wie seine Antwort gelautet hätte.

„Die Entscheidung musst du allerdings selbst treffen, Liebes“, betonte meine Mutter.

„Weißt du, die Rechtsanwälte sagen, wir müssen beweisen, dass dieses Gedicht von mir stammt“, versuchte ich zu erklären. „Wir müssen ein Original beibringen. Aber ich habe ja keines …“

Meine Mutter schwieg einen Moment. Dann fragte sie: „Was ist eigentlich mit den Sachen von eurer Hochzeit? Habt ihr damals nicht ein Album gemacht?“

„Ja, schon … aber …“

„Ich bin ziemlich sicher, du hast ein paar von deinen Gedichten, bevor ihr geheiratet habt, in das Album geschrieben.“

Ich fuhr wie elektrisiert auf. „Ja, Mutter!“, schrie ich ins Telefon. „Das habe ich auch! Jetzt fällt es mir wieder ein!“

Ich ließ den Hörer fallen und rannte zu dem Schrank, in dem ich das Hochzeitsalbum aufbewahrte. In fliegender Hast blätterte ich die Seiten um. Tatsächlich! Da war es! Ich rannte zurück zum Telefon.

„Mutter, du hast recht!“, schrie ich in den Hörer. „Hier steht es schwarz auf weiß! Ich habe es selbst eingetragen!“

Ich überschlug mich fast vor Aufregung.

Wie war es möglich, dass Paul und ich das übersehen hatten? Wir hatten seit Jahren nicht mehr in dieses Album geschaut. Wir hatten so viele Verpflichtungen, waren so viel unterwegs … Außerdem hatten wir zwei Kinder, die unsere Zeit und Aufmerksamkeit forderten. Die Worte meiner Mutter waren der Schlüssel zu einer so lange verschlossenen Tür.

Wir sprachen an diesem denkwürdigen Tag aber noch mit einem anderen Menschen über diese alles entscheidende Entdeckung: mit unserem langjährigen Freund Geoffrey Still. „Onkel“ Geoffrey war der kanadische Repräsentant der Filmserie „Brennpunkt Familie“.

„Geh nach Hause, Margie, und schreibe ein Gedicht für mich. Ich glaube, dann wirst du Frieden in dieser Sache finden“, riet er.

„Onkel Geoffrey“ – ich suchte nach Worten –, „ich habe schon sehr lange überhaupt nichts mehr geschrieben. Ich bringe es einfach nicht fertig … Es ist so, als würde …“ Wieder stockte ich.

„Sag es nur“, ermutigte mich Onkel Geoffrey, „es ist, als würde …?“

„Ja … es ist … es ist, als hätte mir jemand mein geistiges Gut geraubt. Das klingt vielleicht hochtrabend. Aber es stimmt: Ich habe seither kein Gedicht mehr verfasst. Aber jetzt haben wir entdeckt, dass ich das Gedicht ‚Spuren im Sand‘ in unser Hochzeitsalbum geschrieben habe. Wir können jetzt beweisen, dass ich der Autor bin. Will Gott uns damit zeigen, wir sollen weitermachen? Oh, es ist alles so schrecklich … ich bin vollkommen durcheinander …“

„Margie hat recht“, schaltete sich Paul ein. „Mich macht das alles auch furchtbar fertig. Margie scheint jede Freude am Gedichteschreiben abhandengekommen zu sein. Sie komponiert noch nicht einmal ein Lied. Und dass wir jetzt auch noch auf das Album und das Original gestoßen sind – also, das macht alles noch verzwickter. Wir waren uns so ziemlich einig, keinen Prozess anstrengen zu wollen. Jetzt ist wieder alles anders … Ich bin auch mit den Nerven am Ende!“

„Ich glaube, ich werde nie wieder schreiben können“, sagte ich niedergeschlagen.

„Doch, das wirst du!“, versicherte Onkel Geoffrey.

„Aber ich weiß überhaupt nicht mehr, wo ich anfangen soll, wenn ich etwas über meine Gefühle zu Papier bringen soll…“, jammerte ich.

Onkel Geoffrey gab zu bedenken: „Ihr müsst die ganze Sache aus einer anderen Perspektive sehen. Beantwortet doch einmal folgende Frage: Wie wirkt es auf andere Menschen, wenn ihr tatsächlich vor Gericht gehen würdet? Wie würde es sich auf eure Arbeit, eure Dienste auswirken? Ihr lebt doch nicht im luftleeren Raum. Wenn man einen Stein ins Wasser wirft, zieht er Kreise. Durch dein Gedicht sind Menschen auf der ganzen Welt gesegnet worden. Soll das zunichtegemacht werden? Was erwartet Gott von euch? Was sagt die Bibel zu solchen Dingen?“

Onkel Geoffrey sprach aus, was wir beide schon gedacht oder geahnt hatten. Aber genau das aus seinem Munde zu hören, verlieh unseren

Überlegungen Nachdruck und rückte manches in ein anderes Licht.

Dann stellte mir Onkel Geoffrey eine sehr persönliche Frage:

„Margie, kannst du die Sache Gott überlassen?“ Wir schauten uns an, und alle drei hatten wir den gleichen Gedanken: Das war der springende Punkt!

„Geh nach Hause, schreibe dir alles vom Herzen, und nenne das Gedicht: ‚Überlass es Gott!‘“, forderte mich Onkel Geoffrey auf.

Ich folgte seinem Rat. Am nächsten Tag wachte ich sehr früh auf – draußen war es noch dunkel. In meinen Gedanken formten sich Worte zu einem Lied, und auch eine Melodie dazu kam mir in den Sinn. Ich langte nach meiner kleinen Taschenlampe, nahm Notizbuch und Bleistift aus der Nachttischschublade und kritzelte drei Verse in das Büchlein. Ich war nicht einmal aufgestanden. Als ich fertig war, fiel ich in die Kissen zurück und war sofort wieder eingeschlafen.

Nach dem Aufstehen nahm ich mein Notizbuch wieder vor. Was hatte ich denn da geschrieben? Das waren ja die reinsten Hieroglyphen! Es dauerte bis gegen Mittag, bis ich alles entziffert hatte. Und jetzt hatte ich auch wieder die Melodie dazu im Kopf. Onkel Geoffrey hatte doch recht gehabt! Das Schreiben half mir, mir über meine Gefühle klar zu werden. Und wie war das noch mit dem Gespräch, von dem ich den Eindruck gehabt hatte, Gott habe es mit mir geführt? Was meine Mutter gesagt hatte, fiel mir ein und auch das, was mein Vater zu der Sache gemeint hätte. Ich wusste, was in der Bibel darüber stand, andere Christen vor Gericht zu ziehen – und ich wusste, wie mein Mann empfand. Es war die richtige Entscheidung – ich würde alles Gott überlassen!

Überlass es mir

Überlass sie einfach mir, die Sache,
die dir so viel bedeutet.
Ich will dich segnen und dir Ruhe geben.
Darum: Überlass es einfach mir.

Lege es zu meinen Füßen nieder,
Ich werde es vollenden.
Deine Arbeit hat gerade erst begonnen,
lege deine Last zu meinen Füßen ab.

O Herr, ich freue mich über dich,
von deiner Liebe lebe ich.
Meine Sorgen werden weichen,
und du wirst immer mein Freund bleiben.

Ich hatte dem Lied den Vers aus dem ersten Petrusbrief, Kapitel 5, Vers 7 zugrunde gelegt: „Überlasst alle eure Sorgen Gott, denn er sorgt für euch."

Die Entscheidung war gefallen. Es würde keinen Prozess geben!

Endlich Frieden!

„Setzt alles daran,
mit jedem Menschen Frieden zu haben."
HEBRÄER 12,14

Ausnahmslos alle – Paul, unsere Töchter, meine Mutter, Onkel Geoffrey und die Freunde, die wir über unsere Entscheidung informiert hatten – waren erleichtert, als sie hörten, dass es keine Gerichtsverhandlung geben würde. Onkel Geoffrey schlug vor, ich solle an alle, die ich bereits wegen der Verbreitung meines Gedichtes angeschrieben hatte, einen abschließenden Brief schicken. Am 30. November 1987 setzte ich folgendes Schreiben auf:

„Bezug nehmend auf meinen Brief vom … richte ich abschließend noch einmal eine Bitte an Sie. Mein Rechtsanwalt, Herr … aus San Francisco, empfahl mir, meine Urheberrechte an dem Gedicht ‚Ich hatte einen Traum' sowie an den verschiedenen Versionen, die gegenwärtig unter der Bezeichnung ‚Spuren im Sand' verbreitet werden, gerichtlich einzuklagen.

Aber da ich Christin bin, wird es keinen Prozess geben. Doch fordere ich Sie noch einmal auf, dafür zu sorgen, dass bei künftigen Veröffentlichungen, gleich welcher Art, mein Name als Autor genannt wird.

Ich habe dieses Gedicht am 10. Oktober 1964 geschrieben. Das Originalmanuskript ging beim Umzug von Toronto nach Vancouver verloren. ‚Ich hatte einen Traum' wurde 1985 in Hamilton, Bermuda, in meiner Gedichtesammlung ‚Heart to Heart' unter meinem Namen veröffentlicht (die Verhandlungen über die Veröffentlichung hatte ich bereits im Februar 1980 aufgenommen). Erst kürzlich fand sich ein Original meines Gedichtes wieder."

1987 erhielt ich eine Anfrage von Hallmark Cards. Sie wollten die Rechte an „Spuren im Sand" und dem Gedicht „Brief eines Freundes" erwerben. Auch Verlage wie Knight Editorial Services in Antioch, Tennessee; C. M. Paula Company in Cincinnati, Ohio; Majesty Music in Greenville, South Carolina, und One Way Street Puppet Ministry in Littleton, Colorado, verbreiteten das Gedicht.

Heute kann ich in eine Buchhandlung gehen, ohne dass es mir einen Stich gibt. Ich weiß, dass meine Entscheidung richtig war. Ich bin nicht länger bitter darüber, dass sich andere meine Gedichte angeeignet haben. Obwohl ich zugeben muss, dass mir manche der Abwandlungen, die bei dem Gedicht vorgenommen wurden, nicht besonders gefallen. Ich habe es gelernt, zu vergeben und zu vergessen, weil Gott mich sehr zart in eine andere Richtung und zu wichtigeren Dingen gewiesen hat. Ich habe mir meine Empfindungen über den Missbrauch meiner Rechte von der Seele geschrieben – und ich glaube, dass Gott mir die Worte ins Herz gelegt hat. Mein Herz ist genesen. Das kann allein der Friede bewirken, den Gott schenkt.

Die schweren Prüfungen, die uns in jüngster Vergangenheit heimsuchten – Paulas schrecklicher Unfall an dem Wasserfall und Pauls Herzattacke –, haben mich daran erinnert, dass wir unsere Kräfte und unseren Willen dafür aufsparen müssen, Gottes Pläne mit unserem Leben zu verwirklichen und sie nicht mit persönlichem

Groll zu vergeuden. In unserer Familie ist nun nach einer langen schwierigen Zeit wieder Harmonie eingekehrt. Und unsere Arbeit mit den Kindern, den Erwachsenen von morgen, blüht und gedeiht.

Immer wieder bin ich tief bewegt, wenn ich höre, welche Auswirkungen das Gedicht „Spuren im Sand" bei den unterschiedlichsten Menschen hat.

Es ist mir ein großes Anliegen, dass „Ich hatte einen Traum" – oder „Spuren im Sand", wie es heute meist genannt wird – in Zukunft noch mehr von Gott gesegnet und gebraucht wird. Der Leser begegnet darin einer Frau mit Fehlern und Schwächen; einer Frau, die mit ihren Gefühlen und Verletzungen kämpft, aber die Gott in seiner wunderbaren Liebe durch alles Schwere trägt. Was Gott für mich getan hat, wird er für jeden tun, der ihn darum bittet, mit ihm durch das Leben zu gehen.